Ces **parents**
que tout **enfant**
est en **droit d'avoir**

Claire Pimparé

Ces **parents** que tout **enfant** est en **droit d'avoir**

pour la vie...

Préface du Dr Gilles Julien

UN MONDE DIFFÉRENT

Catalogage avant publication de Bibliothèque et Archives nationales du Québec et Bibliothèque et Archives Canada

Pimparé, Claire

Ces parents que tout enfant est en droit d'avoir: pour la vie...

Comprend des réf. bibliogr.

ISBN 978-2-89225-650-5

1. Enfants – Développement. 2. Éducation des enfants. 3. Pimparé, Claire. I. Douville, Lucie. II. Titre.

HQ767.9.P55 2008 305.231 C2008-940914-0

Adresse municipale:
Les éditions Un monde différent
3905, rue Isabelle, bureau 101
Brossard (Québec), Canada
J4Y 2R2
Tél.: 450 656-2660 ou 800 443-2582
Téléc.: 450 659-9328
Site Internet: www.unmondedifferent.com
Courriel: info@umd.ca

Adresse postale:
Les éditions Un monde différent
C.P. 51546
Succ. Galeries Taschereau
Greenfield Park (Québec)
J4V 3N8

Dépôts légaux: 3e trimestre 2008
Bibliothèque nationale du Québec
Bibliothèque nationale du Canada
Bibliothèque nationale de France

Conception graphique de la couverture:
OLIVIER LASSER

Photocomposition et mise en pages:
ANDRÉA JOSEPH [pagexpress@videotron.ca]

Typographie: ITC Legacy Serif 12,6 sur 15,6 pts

ISBN 978-2-89225-650-5

Nous reconnaissons l'aide financière du gouvernement du Canada par l'entremise du Programme d'aide au développement de l'industrie de l'édition pour nos activités d'édition (PADIÉ).

Gouvernement du Québec – Programme de crédit d'impôt pour l'édition de livres – Gestion SODEC.

Gouvernement du Québec – Programme d'aide à l'édition de la SODEC.

Imprimé au Canada

À ma douce petite-fille Raphaëlle
et à tous mes futurs petits-enfants.

Si vous pénétrez dans l'univers de l'auteure, vous ne verrez pas sur les murs de diplômes en psychologie ni d'attestations établissant sa spécialisation en éducation des enfants. Son véritable diplôme « *honoris causa* », c'est dans son cœur qu'elle le porte et c'est de l'université de la vie qu'elle l'a obtenu.

Ses plus grands maîtres sont les enfants et les jeunes, et grâce aux nombreux experts avec qui elle a travaillé, elle a pu acquérir un bagage exceptionnel de connaissances.

Ce livre permettra aux parents de prendre un certain recul, de susciter la réflexion, de les amener à se fier davantage à leur simple gros bon sens, mais surtout de prendre conscience d'une réalité, celle que vivent nos enfants.

Table des matières

Préface

Il n'y a pas de meilleur parent, nous sommes tous les meilleurs !

Cette phrase résume bien ce que Claire Pimparé tente de nous dire dans ce texte intime qu'elle a mis des années avant de se décider à nous le livrer. À partir de sa vie personnelle, de ses expériences bonnes ou difficiles, d'une recherche du sens de sa vie et d'un recul nécessaire, Claire nous transmet des chapitres qui expriment ses souhaits, ses pensées et ses rêves pour nous motiver à être les meilleurs parents du monde, malgré nos doutes, nos faiblesses et nos angoisses.

Est-ce que je saurai être un bon parent? Avec une dose d'humilité, avec une grande disponibilité, avec un esprit de gratitude, tout cela mêlé à un amour inconditionnel, on doit comprendre que nous sommes tous de bons parents. Tant qu'on ne se laisse pas envahir par le doute, tant que l'on cherche à rester entier, soi-même et non quelqu'un d'autre, c'est possible.

Être vrai reste sûrement la meilleure façon d'y arriver puisque nous sommes uniques et que nos enfants le sont aussi. La somme des deux unicités qui se respectent et qui s'associent ne peut qu'assurer le succès de l'entreprise parent enfant.

La notion du « metteur en scène parent » qu'on retrouve au chapitre trois est particulièrement intéressante. Un metteur en scène est un metteur en piste. Or, un enfant n'attend que d'être mis en piste avec confiance et surveillance. À titre de parent, on l'autorise à sourire, à gazouiller, à se traîner à quatre pattes et à s'amuser. Plus tard, on le pousse à marcher et à parler, on le met en contact avec de nouveaux amis en famille et en milieu de garde.

Puis, on le laisse à l'école qui sera son nouveau milieu de vie complémentaire au nôtre. Le « metteur en scène parent » est celui qui crée de la confiance pour permettre tous ces changements. C'est aussi celui qui fournit la cohérence et la cohésion pour donner un sens à cette mission. C'est enfin celui qui donne l'exemple par ses attitudes et son savoir-être.

L'importance de l'écoute est un secret partagé par l'auteure dans les nombreux mots du silence à travers son livre. Or, l'écoute est à la sécurité de l'enfant ce que l'attachement est à son développement. Pouvoir être écouté, se sentir écouté, pouvoir s'exprimer autrement que par des mots auprès d'une personne de confiance, voilà qui permet de se sentir sécurisé et donc en meilleure possession de ses moyens, et avec une plus grande estime de soi-même. Cela constitue une des bases qui permet un développement harmonieux de la personne et c'est aussi un droit fondamental de l'enfant reconnu par la Convention internationale des droits de l'enfant.

Le parent est certainement le meilleur juge de son enfant, celui qui le connaît le mieux, celui qui le guide le mieux et celui qui n'a de cesse qu'il ne le voie s'épanouir pleinement tout au cours de sa vie. Au chapitre six, il est question de ce rôle fondamental où le parent agit avec son cœur en toute connaissance de cause pour aider l'enfant à faire des choix, mais aussi pour filtrer les jugements, les diagnostics et les risques que font courir à notre enfant ceux qui le connaissent moins bien que nous. L'appel ici est à la diligence et à la critique constructive pour le meilleur intérêt de l'enfant. C'est un chapitre important où le rôle de parent prend tout son sens.

Le dernier acte se situe par rapport à l'école, ce grand risque pour l'enfant et pour le parent puisque c'est aussi la seconde maison et le soudain partage de la vie de l'enfant avec un autre adulte très présent dans sa vie et qui le connaîtra sur des facettes qui vont peut-être nous échapper. C'est le temps de faire confiance mais pas à n'importe quel prix, c'est le temps de partager les expertises sans perdre le contrôle, c'est aussi le moment où notre enfant va commencer pour vrai à échapper à notre contrôle, du moins partiellement.

Oui, cependant l'école le gardera en vie, vers de nouveaux horizons et vers de nouvelles connaissances, mais il reste bien sûr impérieux de continuer à surveiller et à rester critique tant que le mode reste à la collaboration et à la confiance entre le parent et l'enseignant, et à cette seule condition.

Le livre de Claire Pimparé est à classer dans la catégorie du cœur et de l'amour inconditionnel de nos enfants. Il porte sur l'engagement d'adultes qui prennent la décision d'avoir un enfant et de l'accompagner jusqu'au bout avec leur personnalité, leurs forces et leurs faiblesses. Ce qui compte d'ailleurs ce ne sont pas ces qualificatifs, mais l'engagement, le don de soi et l'humilité. Car un enfant est un être d'un autre monde qui passe temporairement sur terre et de qui nous avons le privilège d'avoir une garde bien éphémère. Le seul fait que nous ayons été choisi pour ce rôle important fait déjà de nous un être exceptionnel. Cela devrait suffire à nous élever au rang des meilleurs parents du monde.

Gilles Julien
Pédiatre social

Introduction

QUI ÊTES-VOUS ?

Ceux et celles qui, peut-être bien inconsciemment, ont choisi d'accompagner une âme humaine dans son incarnation terrestre.

Ceux et celles qui, consciemment, ont la responsabilité d'élever et de permettre à l'enfant qui vit à leurs côtés de grandir, d'apprendre à développer et à utiliser à bon escient tout le potentiel qu'il porte en lui-même.

J'interpelle tous ceux et celles qui, au 21e siècle, ont l'esprit ouvert. Ceux qui possèdent cette curiosité simple et vraie de vouloir en connaître davantage sur la vie et sur ses nombreuses facettes.

Ces 30 dernières années, j'ai eu la chance et aussi, disons-le, le « guts » d'aller revisiter qui je suis, le courage d'aller au fond des choses. J'ai expérimenté, et j'ai pleuré, j'ai reçu des leçons de vie, je me suis fait bousculer, j'ai fait face à des vérités que j'ai d'abord refusées de voir, j'ai voulu démissionner, puis je suis revenue...

Mon chemin tantôt tortueux, tantôt sombre, donnait parfois l'impression d'être sans issue, mais rassurez-vous, chacun de mes pas me permettait d'entrevoir un nouveau paysage, de sillonner une avenue bordée d'espoir. Pour ce faire, il m'aura cependant fallu accepter de voir *tout* ce que je devais voir... Eh oui, je ne vous le cache pas, il m'est arrivé de fermer les yeux, mais Dieu merci, l'univers a placé sur ma route des personnes-clés qui ont su, avec douceur et de temps à autre avec force, me les rouvrir. Et si certains tournants de ma route m'ont prise par surprise, ils m'ont pourtant toujours donné l'occasion de faire de nouveaux choix pour mieux vivre ma vie.

Pour la première fois aujourd'hui, j'accepte enfin d'écrire tout simplement parce que le moment est venu de partager avec vous mes découvertes, mes essais et mes erreurs. Je vous assure d'ailleurs que mes erreurs m'ont apporté tout autant, sinon plus que mes réussites. Je tiens également ici à vous offrir la chance de poursuivre votre propre quête en utilisant les ressources de votre esprit, et croyez-moi, ces dernières sont inépuisables.

Je sais ô combien grand est l'amour que vous portez à vos enfants. Notre conscience et notre inconscience, en tant qu'adultes, nous jouent souvent des tours. Essayons donc ensemble d'être les plus sains et les plus conscients possible, afin de transmettre à nos enfants tout ce dont ils auront besoin pour grandir en étant pleinement vivants, de corps et d'esprit.

Aujourd'hui mamie

Grand-mère depuis peu, je réalise encore à peine le cadeau inestimable et le bonheur de voir à nouveau grandir un enfant sans avoir à en assumer la responsabilité au quotidien. J'ai droit à cette légèreté, à cette liberté d'aimer et de vivre pleinement le moment présent, privilège réservé aux grands-parents. Ma belle-fille Élise et mon fils Dominic me démontrent la confiance et le bonheur qu'ils éprouvent chaque fois que leur petite Raphaëlle arrive chez sa mamie.

Quand les parents sont bien dans leur peau, calmes et sûrs d'eux, je me rends compte aujourd'hui à quel point cela fait toute la différence chez l'enfant. D'ailleurs, quand je pense à mes enfants, je suis fière d'eux, fière de qui ils sont devenus. J'ai commis des erreurs et j'ai sans doute peut-être nui à leur développement parfois, sans même le savoir, mais chose certaine, j'ai toujours donné le meilleur de moi-même et de mes connaissances.

Et surtout, nous avons appris ensemble l'importance de la communication sincère, ce qui fait qu'aujourd'hui nous nous disons les choses telles qu'elles sont et nous continuons d'évoluer. Ne sommes-nous pas là pour partager, développer, affirmer et aimer nos personnalités, en faisant valoir nos grandes qualités et malgré certains de nos travers ?

On doit non seulement faire confiance à la vie, mais aussi se faire confiance et cesser de se sentir coupable ! Lorsqu'on a donné le meilleur de soi-même, que l'on est satisfait de l'éducation qu'on a procurée à nos enfants, alors laissons-les aller en se fiant pleinement à eux. Ils ont enregistré ce qui était le plus important pour eux en le gravant dans leurs cœurs et, si nous leur en donnons la chance, ils sauront bien le montrer !

Je l'ai toujours crié haut et fort, et je le dis encore chaque fois que je rencontre de jeunes parents inquiets devant le rôle qu'ils ont à jouer : « Tu es le meilleur parent que ton enfant ne pourra jamais avoir au monde ! Sache-le et n'en doute jamais ! »

Poème offert par l'enfant aux parents qui l'accompagnent

Je viens au monde,
je suis un être à part entière

Je vous remercie de m'avoir enfanté et je vous remercie de me guider dans cette vie où j'aurai à m'enfanter moi-même, tout en me laissant vivre ce que je dois vivre pour devenir qui j'ai à devenir.

Chaque étape de ma vie me sera bénéfique.

J'apprendrai sous votre aile et vous aurez la sagesse de me laisser aller en dirigeant mes pas, sans pour autant y mettre les vôtres.

Je me lancerai dans mes aventures, parfois sans trop regarder.

Vous mettrez en moi votre confiance, car vous saurez que je peux y arriver.

J'ai en moi la capacité de retenir et d'observer ; ainsi votre exemple dans ma mémoire saura s'enregistrer et s'imprégner.

Je vous ferai parfois faux bond, je trébucherai aussi, mais vous aurez à nouveau la sagesse de me parler, de me communiquer vos craintes, afin que je puisse comprendre que ce sont bien des vôtres et non des miennes dont il s'agit.

J'apprendrai très vite les valeurs et le respect que je vous dois, celui-là même que vous aurez toujours su témoigner envers moi.

Si je vous blesse ou si je vous fais de la peine, vous me l'expliquerez en parlant au «JE», car le «TU» n'est pas un bon communicateur.

Je vous suis reconnaissant de ne pas me transmettre votre passé afin qu'il ne vienne pas freiner mes élans et ma spontanéité.

Je suis consciente de votre personnalité, de vos qualités et de vos talents.

Je suis aussi conscient de vos faiblesses et de vos défauts.

Je tenterai de prendre le meilleur des deux mondes et, à votre grande surprise et plus vite que vous ne le croyez, vous verrez apparaître devant vous un être responsable qui aura fait ses propres expériences, qui aura su réussir ou parfois échouer pour ensuite, tout comme vous, se relever et foncer de nouveau.

Vous avez la sagesse de croire en moi. Vous m'avez aidé à développer mon estime de moi. Aujourd'hui, je suis fier de l'être que je suis en train de devenir et je vous en remercie. Mais en ce moment même, comme il en a été depuis toujours, je ne vous appartiens pas: JE m'appartiens.

Quand viendra le jour où à mon tour je tiendrai un enfant dans mes bras, je vais faire preuve de la même sagesse que celle que vous m'aurez léguée et du même courage qui consiste à n'avoir jamais abandonné.

Ce jeune enfant qui célébrera sa venue au monde aura la chance d'avoir trois sagesses pour le guider tout au long de sa vie.

AUTEUR INCONNU

Les enfants

Vos enfants ne sont pas vos enfants.
Ils sont les fils et les filles de l'appel de la Vie à la Vie,
Ils viennent à travers vous, mais non de vous.
Et bien qu'ils soient avec vous, ils ne vous appartiennent pas.

Vous pouvez leur donner votre amour mais non point vos pensées,
Car ils ont leurs propres pensées.
Vous pouvez accueillir leurs corps, mais pas leurs âmes,
Car leurs âmes habitent la maison de demain, que vous ne pouvez visiter, pas même dans vos rêves.
Vous pouvez vous efforcer d'être comme eux,
mais ne tentez pas de les faire comme vous.
Car la vie ne va pas en arrière, ni ne s'attarde avec hier.

Vous êtes les arcs par qui vos enfants, comme des flèches vivantes, sont projetés.
L'Archer vise le but sur le chemin de l'infini, et Il vous tend de Sa puissance pour que Ses flèches puissent voler vite et loin.
Que votre tension par la main de l'Archer vise la joie ;
Car de même qu'Il aime la flèche qui vole, Il aime l'arc qui est stable.

KHALIL GIBRAN, *Le Prophète*
Éditions Casterman

Chapitre 1

EST-CE QUE JE SAURAI ÊTRE UN BON PARENT ?

S'élever soi-même avant de vouloir élever un enfant

Nous sommes tous des êtres humains cherchant à découvrir qui nous sommes vraiment au plus profond de nous-mêmes, au-delà des rôles que nous jouons dans les différentes sphères de notre vie : conjoint, parent, médecin, architecte, comédienne ou menuisier. *« Moi, Claire, qui suis-je au juste ? »*

Cette question devient encore plus présente lorsque surviennent des changements importants dans notre existence, comme celui entre autres de devenir parents, de savoir que l'on va bientôt guider de petits êtres humains sur le chemin de leurs vies, des petits individus à part entière à qui nous allons tenir la main et dont nous serons responsables.

Serons-nous à la hauteur ? Bien sûr que oui, car nous allons faire de notre mieux... Mais ce « mieux » sera-t-il suffisant ? Qui suis-je pour prétendre que je peux garantir le bonheur aux enfants à qui je vais donner la vie ? On est heureux, amoureux et on permet à un tout-petit de faire son entrée dans la vie. Mais ce n'est pas tout ! On doit aussi faire preuve de suffisamment de sagesse pour ne pas lui transmettre nos peurs, nos phobies, nos blessures du passé, et surtout on doit le faire en toute conscience, sinon la vie nous jouera des tours pour nous extirper du coma de l'inconscience et nous aider à revenir à l'essentiel.

Pour moi, la seule façon de répondre à cette délicate question : « Est-ce que je saurai être un bon parent, est-ce que je vais être à la hauteur ? », c'est d'aller voir... c'est de « s'élever soi-même » avant de prendre la responsabilité d'élever un enfant. Et croyez-moi, il n'y a pas d'âge pour entreprendre ce voyage au cœur de soi. On peut même le faire plus d'une fois dans une vie... j'en suis la preuve vivante !

Quand la vie nous attend au détour...

J'aimerais ici vous raconter une anecdote qui s'est produite lors de mon séjour en Inde, à l'ashram du gourou Maye, là où la vie, cette grande enseignante, m'attendait au détour pour me montrer combien la honte que j'éprouvais pour certaines parties de mon corps était non fondée.

Alors que j'assistais à un atelier nommé *Contemplation*, je ne sais pour quelle raison ce soir-là on a demandé aux hommes et aux femmes de se séparer en deux groupes distincts. *« Ah non, me suis-je dit, je ne pourrai pas être avec mon ami Robert avec qui j'échange de nombreux fous rires...»* Bref, la soirée commence par une question en apparence banale. « Êtes-vous complexé physiquement ? Si oui, décrivez votre complexe en disant pourquoi vous n'aimez pas telle ou telle partie de votre corps. »

Sans faire ni une ni deux, je me dis: *« Oui ! C'est le moment des règlements de comptes. Depuis le temps que je déteste mes jambes ! »* Je m'en donne donc à cœur joie et je me mets à les dénigrer totalement sur papier: elles sont grosses, laides, lourdes, j'aimerais qu'elles soient minces et grandes... J'écris et j'écris encore, leur attribuant les pires qualificatifs, croyez-moi, si bien que je noircis trois pleines pages d'élucubrations à propos de mes membres inférieurs.

Une fois la séance de Défoulement 101 terminée, l'animateur se lève et nous dit: *« Now, it's time to share with somebody... »* Il nous demande de choisir une personne avec qui partager notre « charmant » trésor... « Non, non, non, y'en n'est pas question... » Je me croise les bras, je baisse la tête dans l'espoir de disparaître. « *No way*, je ne *share* avec personne. »

Alors que tout le monde se place deux par deux, je me dis: *« Allez, les p'tits amis, partagez... »* L'animateur demande à la foule si certaines personnes sont seules. Quelques mains se lèvent alors que moi, sagement, je fais l'innocente, comme si je ne comprenais pas, trop absorbée à rattacher mes lacets... L'animateur trouve donc des coéquipiers à ceux qui sont seuls et les « chanceux » vont travailler en équipe. « Ouf, je l'ai échappé belle... » Enfin, je suis en paix avec mon complexe...

Soudain, une main derrière moi me touche l'épaule et j'entends: « *Do you want to share with me ?* » Je me dis en moi-même : « *Non, ce n'est pas vrai... Tu veux partager, ma cocotte. D'accord, je vais être d'une grande écoute et te laisser parler toute l'heure, si tu veux.* » Je me retourne lentement pour voir cette charmante personne. Et c'est là que la vie m'attendait au détour... La dame est en fauteuil roulant, amputée des deux jambes !

« Et vlan, ma Claire ! » Au bout d'à peine trois minutes, elle a déjà fini de me parler de son complexe, qui n'a aucun rapport avec le fait qu'elle est amputée, et elle me demande de lui confier le mien. J'ai beau lui dire : « Non, merci, ça va, j'ai compris ce que j'avais à comprendre... » Mais elle me supplie de plus belle. Aucune fuite possible... Alors, je lui révèle mon complexe et elle se met à rire de bon cœur en me disant tout doucement : « Depuis que je suis arrivée à l'ashram, tous les soirs, tu m'as prise dans tes bras pour me mettre au lit. Tu as été mes jambes. Merci. » Mémorable comme leçon de vie, n'est-ce pas ?

Ne jamais rien tenir pour acquis

Sept ans plus tard, je suis dans une période tumultueuse de ma vie. Pas de travail, ménopausée, vulnérable, et pour couronner le tout, un divorce sur les bras. Ça ne pouvait pas mieux aller... Au moment où tu veux qu'on te tienne la main et que, pour une fois dans ta vie, tu acceptes que l'on prenne soin de toi, tout bascule... Non ! Toi seule peux prendre soin de toi pour la vie ! Tu dois te prendre par la main par toi-même et aller de l'avant.

C'est alors que je décide de m'offrir un cadeau pour mes 50 ans, un cadeau qui allie aussi bien la santé physique que psychique : je décide de m'entraîner pour faire le chemin de Compostelle. Faire mon chemin, marcher sans fin pour aller à la rencontre de moi-même. Il faut que je redonne vie à ce corps physique que j'ai quelque peu abandonné. Je dois donc provoquer l'univers... Je n'ai pas d'argent, mais j'ai des points de milles aériens accumulés sur ma carte Visa... J'achète mon billet d'avion en lançant par le fait même le message à l'univers que je passe à l'action : « Fais en sorte que tout se mette en place pour que je puisse faire ce voyage. »

Je commence mon entraînement en marchant d'abord deux heures le matin, deux heures le soir... Au bout de trois jours, j'ai déjà mal à un genou. Horreur ! Je n'ai jamais eu mal nulle part, moi qui ai fait du sport sans arrêt pendant toute ma vie : aérobie, ballet classique, vélo de montagne, cardiovélo Spinning, musculation, ski, spéléologie, plongée, entraînement de football, boxe...

J'ai donné des cours de conditionnement physique, j'ai fait de l'antigymnastique, j'ai produit des albums de danses exercices pour adultes et enfants, et jamais je n'ai eu le moindre mal. Mais au moment même où je veux entreprendre un voyage qui exige une bonne forme physique, j'ai mal à un genou.

Comme une gifle !

Ainsi, sept ans plus tard, je reçois cette leçon de vie qui me frappe en plein visage. Pour faire tout ce que j'ai fait, il me fallait des jambes aptes à me supporter, capables de force, d'endurance, des jambes solides, des os robustes et bien constitués. Oui, pour la première fois de ma vie, je réalisais que jamais je n'avais pris vraiment conscience de tout ce que ces jambes m'avaient procuré de bonheurs inestimables, jour après jour. Et pour seule reconnaissance, j'avais fait d'elles *mon* complexe...

Durant les jours qui ont suivi, je me suis recueillie au bord du fleuve et j'ai eu une longue conversation avec ces jambes que j'avais si bien reniées, que j'avais bafouées, que j'avais tout simplement tenues pour acquises. Je me suis non seulement excusée, mais je me suis également réconciliée avec elles, cette force de la nature que la vie m'avait offerte en cadeau. J'ai repris mon entraînement et sans jamais ressentir de nouveau la moindre douleur, j'ai fait le plus merveilleux voyage. J'ai parcouru ce chemin, mon chemin de Compostelle où, tous les jours, chaque pas que je faisais, je voyais un nouveau paysage, et une nouvelle aventure m'attendait.

Soir après soir, j'ai massé mes jambes et mes pieds ; je les ai remerciés de me permettre de vivre cette rencontre avec moi-même. Ce voyage de vie ne pouvait se faire en pièces détachées, mais bien en union avec tout mon corps et chacune des parties qui le constituent, en parfaite harmonie. Ça, c'est voyager sa vie ! Cependant, mon voyage à moi n'était pas fini...

Plonger au cœur de mon cœur

En 2007, je suis allée vivre un séjour de trois magnifiques semaines dans un centre de santé, du célèbre Institut Hippocrate de West Palm Beach, aux États-Unis, au cœur même de la vie. Pourquoi ? Pour reprendre la mienne en main, cette vie qui m'appartient et que j'avais trop souvent tenue pour acquise, elle aussi.

C'est toujours fascinant de voir dans quelle mesure nous connaissons bien l'endroit où nous vivons, ce toit qui nous abrite... Nous connaissons le jardin pour en avoir maintes fois fait le tour. Nous savons ce que nous avons réparé, changé, ce que nous devons entreprendre pour le garder en bon état. Nous nous y retrouvons pour y prendre l'air et nous passons beaucoup de temps à l'entretenir. Nous voulons que tous s'y sentent à l'aise. Même chose pour notre maison.

Nous connaissons également chacune des fenêtres de notre gîte, ces ouvertures qui nous permettent de regarder plus loin, de faire entrer la lumière afin de ne pas être dans le noir ; cette lumière qui nous attire à l'extérieur pour nous permettre de mieux admirer notre demeure. Mais connaissons-nous aussi bien cette demeure qu'est notre enveloppe charnelle, celle qui nous appartient depuis le premier jour de notre vie ?

Avec cette question à l'esprit, je suis donc partie et j'ai plongé tête première dans tout ce que le centre proposait : analyse sanguine, alimentation vivante, traitement d'oxygène, Qi Gong, exercices, Qi-water, rencontres individuelles, ateliers, conférences, massages, tout ! Je voulais offrir ce cadeau à mon corps, celui-là même que j'ai maltraité et blessé par l'abus, le stress, et surtout, par ignorance... Ce corps dont j'ai eu honte, à qui j'en ai demandé toujours et encore plus, ce corps que j'ai tenu pour acquis, allant même jusqu'à ignorer tout ce qu'il faisait pour moi.

Au centre, j'ai eu la chance de rencontrer le psychothérapeute Andy Bernay-Roman. « *Wow ! Enfin, depuis le temps que je voulais jouer aux "archéologues" et fouiller dans ma tête pour voir ce qui s'y cache.* » J'étais bien consciente que j'avais des secrets enfouis au fond de moi, des secrets chargés de peine et de rage. J'en avais une profonde certitude sans toutefois pouvoir en saisir tout à fait le pourquoi ?

Andy m'a aidée à retrouver ces secrets pour que je puisse enfin les libérer. Avec lui, j'ai compris que creuser en moi-même, c'était apprendre à me respecter, à m'accepter, à me faire confiance et que c'était aussi m'autoriser à entrer en conversation avec moi-même sur une base d'honnêteté et d'intégrité absolues. En acceptant cette démarche, je passais un contrat avec ma vie tout entière.

Un pas à la fois

J'aimerais faire ressortir pour vous quelques étapes de mon cheminement qui ont contribué à ma croissance et à mon mieux-être. Loin de vouloir vous donner une recette magique, je veux simplement vous révéler ce qui a été bon pour moi, comme je le ferais dans mon salon en présence d'un ami.

J'ai tout d'abord compris l'importance de l'engagement, pas n'importe lequel toutefois, mais bien celui que je dois prendre avec moi-même. Dans cette optique, mon premier engagement a été de choisir d'avoir et de vivre des relations saines. Quel grand ménage en perspective ! Faire ce choix n'a pas été une mince affaire, croyez-moi, mais il m'a donné le privilège de prendre du temps pour observer ce qui gravitait autour de moi, dans ma vie, et m'a amenée à réfléchir sur mon senti.

J'ai par la suite eu à mettre en place ce qui m'était indispensable pour respecter mon engagement. J'ai compris alors que le succès de ma démarche reposait avant tout sur l'honnêteté. Pour progresser dans mon cheminement, j'ai choisi de m'ouvrir en exprimant ce qui se passait dans mon cœur et dans ma tête, sans censurer mon ressenti.

J'ai choisi de courir le risque de verbaliser ce qui me convient et ce qui me déplaît, de prendre position et de fixer de saines limites à mes relations. Ouf ! prendre en charge sa propre vie, c'est du boulot, mais en adoptant cette attitude intègre et honnête, j'ai découvert qu'il n'était pas nécessaire que je sois parfaite pour vivre de bonnes relations. J'avais simplement besoin d'être bien dans ma peau.

Je me suis ensuite interrogée sur ma vie, j'ai observé ce qu'il y avait derrière moi, j'ai fait mon inventaire. Ma réflexion m'a poussée à prendre une pause, à regarder la route qui se dessinait devant moi et à me demander sérieusement : « *Que vais-je faire de cette route ?* » Un vieil adage enseigne qu'il faut demander pour recevoir. J'ai donc choisi de déterminer franchement ce à quoi j'aspirais dans ma vie puis d'en faire la demande, de façon claire, nette et précise. C'est en grande partie cela, de visualiser pour créer sa vie, non ?

On dit que « la reconnaissance, c'est l'intelligence du cœur ». Mon expérience de vie me confirme hors de tout doute que les mots d'appréciation et la gratitude sont une source intarissable d'épanouissement. Non seulement je trouve primordial d'encourager et de motiver ceux et celles qui me sont chers, mais il m'est tout aussi vital d'intégrer chaque jour à ma vie l'autorenforcement.

Croyez-moi, ça fonctionne et je vous incite fortement à reconnaître et à affirmer tout ce que vous avez de grand, de noble et de génial en vous. C'est probablement là le sens le plus juste du proverbe bien connu : « Charité bien ordonnée commence par soi-même ». Plus je suis capable d'accueillir mes forces, plus il m'est facile d'accueillir l'autre avec les siennes. N'est-ce pas fantastique ! Et quel cadeau extraordinaire !

Je suis une femme de cœur et j'ai compris, après en avoir fait l'expérience dans ma propre vie, que « seuls mes sentiments ont le pouvoir de renverser la domination des empreintes laissées par mon histoire de vie, de mes restrictions présentes et de tous mes futurs imaginaires, m'empêchant ainsi de dissiper ma vie dans des univers irréels et virtuels ».

Par conséquent, mon engagement personnel consiste à ce que chaque jour de mon existence soit fidèle au cœur de mon être. Mon choix de vie exige de moi que je dise sans cesse la vérité. Mon cœur est à la fois ma boussole, mon guide, mon poteau indicateur, ma frontière et ma destination. Et comme le dit si bien le Dr Andy Bernay-Roman : « Nous avons besoin les uns des autres, pour devenir vrais et pour guérir »[1].

---

1. Bernay-Roman, Andy. *À sentiment profond, guérison profonde*: Les dimensions émotionnelle, mentale et spirituelle de la guérison, Éditions Vivez soleil, 2004, 322 p.

Sans honnêteté, point de salut !

Mon rôle de maman a été pour moi une école extraordinaire où j'ai appris que la transparence, l'honnêteté et l'intégrité étaient trois qualités à intégrer aux échanges avec mes enfants. Avant de pouvoir les incorporer à ma vie familiale, j'ai dû apprendre à les appliquer à ma vie personnelle, ce qui n'a pas toujours été une sinécure. Souvent, j'ai eu le sentiment qu'un mode d'emploi approprié m'aurait été nécessaire. Mais une chose demeure pour moi une grande vérité : je me dois de fermer la porte à tout ce qui sonne faux.

Le Dr Brad Blanton, qui a écrit un livre sur l'honnêteté[2], affirme qu'il existe trois niveaux d'expression de la vérité ; chacun d'eux jouant un rôle et ayant un impact différent pour établir et préserver des relations de qualité. Permettez-moi de vous présenter ces trois niveaux.

Niveau 1 : *« Énoncez simplement les faits. Dites les choses telles qu'elles sont, sans les exagérer ni les minimiser. »*

J'ai vite réalisé que le seul fait d'appliquer ce principe demande déjà beaucoup de pratique. En y pensant bien, j'ai pu constater combien il était facile d'embellir ou de colorer la réalité au moment de raconter un événement, en le présentant sous un aspect favorable. C'est pourquoi j'ai fait l'exercice d'être totalement honnête pendant une journée entière, en me reportant au seul niveau des faits. Vous seriez surpris de voir à quel point cet apprentissage apparemment banal peut être difficile à mettre en pratique.

---

2. Blanton, Brad. *Radical Honesty : How To Transform Your Life By Telling The Truth*, Sparrowhawk Pubns, Stanley, Virginia, U.S.A., 1994.

Niveau 2 : *« Exprimez vos sentiments relatifs à ces faits. »*

Déjà, j'ai trouvé l'exercice un peu plus ardu, car en étant honnête avec mes sentiments, je cours le risque d'être désapprouvée ou rejetée, et personnellement, j'ai de la difficulté avec ces deux situations. Au nombre de leçons à apprendre que ce niveau d'honnêteté implique, il faut à la fois savoir être sensible (pour dénicher les peines derrière la colère ou l'amour derrière la peur) et savoir être ferme (pour fixer les limites qui s'imposent et pour exiger le respect).

Sous l'angle du pratico-pratique, et pour intégrer cette notion à mon quotidien, j'ai tenté d'augmenter chaque jour le niveau d'expression de mes sentiments, tout en observant l'impact de cette démarche sur la qualité de mes relations. J'ai été agréablement surprise du résultat.

Niveau 3 : *« La confession est le niveau d'honnêteté correspondant à la mise à nu de votre âme, le niveau auquel vous avouez vos défauts et admettez vos failles. »*

Et comme on dit : « Y'en aura pas de facile ! » C'est le niveau qui me semble être à la fois le plus vulnérable et le plus puissant. On y fait face le plus souvent dans le cadre de groupes de soutien, d'entraide ou en thérapie, mais pourquoi attendre de se retrouver dans ces situations ? J'ai réalisé que d'admettre ma fragilité, c'était mon billet d'entrée pour une vie sincère, qui a du cœur, et contrairement au dénigrement qui ne souligne que mes fautes, cette attitude me donnait la dignité de pouvoir soulager mon mental d'un lourd fardeau. Non seulement je ne suis pas parfaite, mais je suis totalement humaine... et je l'avoue bien humblement !

Connais-toi toi-même et tes enfants seront heureux !

Au bout du compte, cette autre expérience fut pour moi, telle une bouffée d'air frais, un souffle de vie qui m'anime encore aujourd'hui. Faire connaissance avec soi-même, comprendre sa façon d'être, d'agir et de penser, mieux comprendre ses réactions, voilà autant de facettes à envisager et qui soulèvent toutes sortes de questions auxquelles nous devrions tous répondre : Pourquoi nous aimons ou haïssons ? Pourquoi réagissons-nous de telle manière ou de telle autre ? Pourquoi cette situation nous bloque-t-elle, pourquoi avons-nous peur d'avoir peur ? Pourquoi ? Pourquoi ?

Tous ces « pourquoi » sans réponses font en sorte que, sans le savoir, nous transmettons nos peurs, nos phobies et nos désirs non réalisés à nos enfants. Cela contribue aussi à ce que nous nous projetons en eux, voulant inconsciemment leur faire vivre les moments heureux que nous aurions aimé vivre et leur épargner les moments malheureux que nous cherchons à oublier.

En y réfléchissant davantage, si nous ne nous connaissons pas nous-même, comment pouvons-nous répondre à la question : « Est-ce que je saurai être un bon parent, est-ce que je vais être à la hauteur ? »

« Et moi, Claire, est-ce que je suis à la hauteur ? »

Est-ce que je me connais maintenant ? Je crois que la connaissance de soi, c'est l'histoire d'une vie. Une chose est certaine, si je ne suis pas encore arrivée à destination, je sais que je suis en chemin. Est-ce que j'ai été à la hauteur dans mon rôle de mère ? Trois enfants... Trois univers... L'avenir le dira...

Mais en attendant, j'aimerais vous présenter Myriam, ma tornade, qui, de l'âge de 10 à 18 ans, a facilement valu mes 2 gars multipliés par 10. Je voulais une fille, j'ai eu une grande professeure. Elle m'a appris mon rôle de mère... Avec Mimi, j'ai tout remis en question. J'ai perdu patience, j'ai eu peur, j'ai cru démissionner, mais chaque fois elle a su me démontrer que je pouvais lui faire confiance et faire confiance à l'éducation que son père et moi lui avons inculquée, jour après jour. Elle voulait me prouver que le fait de ne pas lâcher en valait la chandelle. Le plus important dans tout ça, c'est que j'ai appris... Dieu que j'ai appris !

Quand ma mère voyait Myriam, elle disait en souriant : « Elle n'a pas été faite par le voisin. » Une chance, parce que je n'aimais pas mon voisin ! Je m'amuse à dire que c'est ma Jack Bauer[3] au féminin. Pas d'action ? Elle en crée. Un précipice en vue ? Elle a les pieds qui pendent au-dessus, et comme si ce n'est pas suffisant pour elle, elle se suspend ni plus ni moins dans le vide.

À deux ans, elle disait déjà : « Je veux faire, moi », voulant dire par là : « Je veux le faire moi-même ». À six ans, après avoir séjourné dans une colonie de vacances, chez Mère Marie Clarac, haute comme trois pommes, elle me

---

3. De la série *24 heures chrono* (*Twenty-Four*, dans sa version originale), un feuilleton télévisé américain qui raconte les aventures de Jack Bauer, un agent secret américain, qui lutte contre le terrorisme survenant aux États-Unis. Jack est intrépide, audacieux, décidé et n'a peur de rien.

lance : « Maman, je veux être pensionnaire. » Je lui réponds alors : « Ben voyons, Myriam, tu pourras être pensionnaire quand tu iras au secondaire. » Sur quoi elle me réplique du tac au tac : « Non ! Je veux y aller maintenant. C'est juste quatre dodos, maman, je ne vais pas m'ennuyer. » C'est au moment précis où Myriam entrait au pensionnat que je faisais mes premières armes dans mon éducation de mère à plein temps. C'est moi qui éprouvais de l'ennui.

Puis les années ont passé et lorsqu'elle a eu 14 ans, elle m'a demandé ce que je désirais pour la fête des Mères. Dans ma tête, je me disais : *« Il est devant moi mon cadeau. Tu as tous tes morceaux, tu es en vie et tu es à mes côtés. »* Je l'ai regardée en souriant et je lui ai dit : « Donne-moi un peu de ton talent, ma gitane. Tu écris si bien, alors écris-moi quelque chose. »

Elle est allée acheter un magnifique papier et elle s'est mise à écrire... L'importance de ces mots, de ces phrases, a été pour moi la preuve vivante que j'ai eu raison d'être mère. J'ai compris qu'il ne fallait jamais douter de l'éducation quotidienne que l'on offre à nos enfants. Voici donc la fameuse lettre en question...

Maman

Comment la décrire ?

C'est une femme qui, pendant plusieurs années, m'a demandé de lui permettre de m'enfanter.

Grâce à elle, qui a su me décrire physiquement, m'accueillir en elle et communiquer pendant ce temps.

Durant 9 mois, elle sentait ma présence se développer jusqu'au jour où elle a accouché.

Ce moment fut pour moi une grande joie, elle me donna la vie et me guida en me laissant faire ce dont j'avais envie.

Elle me donna tout ce qui pourrait être nécessaire pour cultiver mon jardin intérieur et faire grandir cette fleur.

Toute ma jeunesse, elle m'a fait vivre des expériences, ce qui a été une chance.

Tous les soirs où elle restait près de moi pour me sécuriser, vous pouvez m'envier.

Elle a réussi sa vie, un métier où elle a majestueusement accompli une performance, et trois enfants très bien élevés.

Elle a su diriger mes petits pas vers un chemin qui m'a fait évoluer.

Chaque fois qu'une larme apparaissait sur mon visage ou quand des questions me perturbaient, elle a su trouver des solutions, ou elle me consolait.

Quand, des fois, mon esprit divaguait, elle m'indiquait la réalité, tout en me laissant rêver.

Maintenant que j'ai grandi, ce n'est pas encore fini.

Elle continue à m'aider afin que mes buts puissent se réaliser.

Elle m'a laissé la liberté... j'ai essayé... parfois j'ai échoué... mais elle m'a toujours relevée.

Elle m'a laissée développer mon autonomie, pour bientôt faire ma vie...

Elle va toujours être là pour moi, peu importe pourquoi...

Pour me conseiller de ne pas lâcher.

Grâce à sa persévérance, j'ai compris ce qui fait qu'on avance.

Son charisme et sa personnalité sont impossibles à remplacer.

De nombreuses qualités font d'elle ce qu'elle est et font qu'à jamais, je vais l'aimer.

Cette femme a tout fait pour moi.

J'espère qu'elle me croit.

Cette magie est mère et je peux en être fière.

Je t'aime, maman.

MIMI XXX

Aujourd'hui, j'ai compris

Le jour où j'ai reçu cette lettre, j'ai compris qu'il ne fallait jamais perdre confiance, car ce qui est offert avec amour et respect est toujours gravé dans le cœur de l'enfant à qui on l'a donné. J'ai compris ce jour-là que tous les parents qui sont capables d'amour et de respect, tous les parents qui sont honnêtes, intègres et qui font preuve de transparence, sont et seront toujours de bons parents !

À sa naissance, Dominic, l'aîné, a d'abord tracé notre chemin de parents et, pour ce faire, il a dû subir les frasques et les inquiétudes que vivent les nouveaux parents avec leur premier enfant ; des parents qui en font toujours trop, de peur de ne pas en faire assez. Il nous a également fait « voyager » dans notre façon de penser et de faire face à l'éducation, en nous ramenant par le fait même à celle que nous avions reçue, son père et moi, chacun de notre côté. Dominic a été notre premier maître et comme il le dit toujours : « J'ai pris ce que j'aimais et ce qu'il y avait de mieux chez l'un comme chez l'autre... » Il est tombé dans la potion des talents et de la passion lorsqu'il était tout jeune, et aujourd'hui il est un papa merveilleux.

Voici une lettre de Dominic que je conserve précieusement :

Salut, mon amour,

Pour ta fête, je te souhaite tout ce que tu mérites, donc tout ! Je t'aime à la folie et je veux que tu saches que dernièrement, j'ai passé beaucoup de temps à écrire le livre de ma vie, à y coller des photos qui représentent ces moments qui me sont si importants.

La chose qui m'a frappé, c'est d'avoir pu prendre conscience à quel point tu as été importante lors de chaque étape que j'ai eu à franchir, souvent en croyant être seul, mais maintenant je réalise que tu as été là, toujours, de par ton amour inconditionnel et ta foi en moi.

Si aujourd'hui le succès pointe à l'horizon, c'est parce que grâce à toi, je n'ai jamais cessé d'y croire. Tu es la force derrière chacun de mes succès. Je t'aime et merci de m'avoir tout donné. Je suis maintenant fort grâce à toi.

DOMINIC

À sa naissance, Marc Olivier a tout de suite su nous démontrer qu'il était unique. Il a été à son tour un grand maître qui nous a fait cheminer dans nos émotions en nous ramenant constamment à la vérité qui est en nous. Avec lui, c'est l'aventure de l'esprit. Vous pensez peut-être que j'ai un texte de lui à vous faire lire... Détrompez-vous, car c'est à travers l'expression de son regard que j'ai lu ses mots les plus tendres.

Aujourd'hui, mes trois enfants sont ma plus grande réussite, ils sont tous à leur manière des êtres que mon cœur chérira à vie. Non pas parce que ce sont les miens, mais parce que je suis fière de leur réussite, qui n'est pas la mienne ni celle de leur père, mais la leur. J'aime voir ces adultes. J'aime leur façon de penser, leur façon d'envisager la vie. J'aime leurs choix et les batailles qu'ils livrent tous les jours pour atteindre leurs objectifs. J'aime leur indépendance.

En fait, leur grande différence en tout illustre leur unicité, ce qui revêt pour moi une valeur inestimable. Les responsabiliser, les respecter, ne rien tenir pour acquis, les laisser expérimenter et vivre leurs expériences et leurs conséquences, voilà le plus beau cadeau que vous puissiez faire à vos enfants.

Vous êtes qui vous êtes

«Je suis le meilleur parent du monde pour mon enfant». Pourquoi vouloir devenir quelqu'un d'autre? Vous êtes le parent de cet enfant. Que vous soyez riche ou pauvre, malade ou en santé, agressif ou tendre, pourvoyeur ou avare, absent ou présent, vous resterez toujours son parent et il sera toujours votre enfant, celui-là même qui apprendra à vivre avec vous. Vous êtes ce que vous êtes et permettez-vous, dans votre vie, de vous améliorer constamment.

Le credo du parent

Je fais de mon mieux
Je ne me sens pas coupable
J'aime inconditionnellement
Je suis honnête
Je prends mes responsabilités
Je pense à moi
Je ris
Je m'amuse
Je joue avec mon enfant
Mon couple est précieux
Je m'occupe de ma santé
J'ai le droit d'être qui je suis

Pensées d'ados

« Mes expériences annoncent parfois, et même très souvent, la venue de tes cheveux blancs. Pourquoi les vis-tu en même temps que moi ? Pourtant, tu as eu les tiennes. Est-ce parce que tu ne veux pas que je fasse comme toi ?

« Ne t'en fais pas : les miennes me suffisent... »

MYRIAM, 15 ans

« Papa, j'aime ça parce que t'es pas cool ! Je préfère que tu restes mon père, parce que des amis, j'en ai plein, alors qu'un père, j'en ai juste un... »

VINCENT, 14 ans

Chapitre 2

NOUS SOMMES TOUS UNIQUES AU MONDE !

Savoir préserver son unicité

Vous êtes unique, unique dans tout ce que vous êtes, dans tout ce que vous faites et avec ce nouveau tournant de vie qui s'annonce, jamais vous n'aurez été autant bousculé. L'inconnu vient de vous transpercer en plein cœur et il vous force à réaliser qui vous êtes vraiment. Vous vous rendez compte qu'il n'est plus question de remettre à demain, cet enfant-là a besoin de vous « ici maintenant ». Vous vous dites peut-être : *« Je fonce et je donne ce que je peux, à défaut de ce que j'ai de mieux. »*

Vous avez peur, peur de cet inconnu qui vous force à découvrir des émotions, des sensations, des replis obscurs et inexplorés de vous-même qui vous étaient jusqu'alors inconnus. Vous êtes complètement bouleversé. Vous le vivez en silence, dans votre corps, avec l'impression que le temps qu'on vous alloue est trop court. Mais vous devez assumer vos responsabilités. Certains vont dire non et s'enfuir, peut-être pour mieux revenir, enfin je l'espère.

Quand une nouvelle vie s'installe dans notre vie

Donner la vie à un enfant nous fait prendre conscience de la nôtre et c'est la raison pour laquelle nous sommes si bouleversés. C'est comme si le film de notre vie se déroulait là, sous nos yeux, et que nous devenions subitement conscients de tout.

Votre perspective change, votre vie est bouleversée, vous comprenez différemment, vous constatez le travail de tous ceux et celles qui l'ont fait avant vous, pour vous. « Qu'est-ce que je fais avec mon "je suis" et avec celui de mon enfant ? » Vous constatez peut-être que vous agissez parfois comme ceux qui vous ont précédé, vos parents, ceux-là mêmes que vous avez critiqués et que vous ne vouliez surtout pas imiter. Mais rassurez-vous, le simple fait d'en prendre conscience, c'est déjà la moitié du problème de réglé !

Vous regardez votre enfant, là, dans vos bras, ému, parce que tout va beaucoup trop vite. Vous avez le droit d'être unique, c'est l'évolution de la vie, cette nouvelle responsabilité vous remet en question. Eh oui, vous existez. Il ne s'agit pas seulement de l'évolution de votre enfant, mais aussi de la vôtre, de votre perception, de votre compréhension, de votre façon de voir et de comprendre la vie.

Toutes les règles qui ont été établies à ce jour, tous les « tu devrais... », « il faudrait... » représentent une base, mais elles ne seront jamais vos règles à vous, parce que toute votre vie se joue en fonction de personnes uniques qui ont toutes des bagages uniques.

Comme le disait mon pédiatre, le Dr Alphonse Paquet, quand je lui téléphonais :

« Docteur, le petit à des coliques.

– Qu'est-ce que tu as prévu faire ?

– J'ai réalisé que si je le couche sur la sécheuse lorsqu'elle est en marche, la vibration et la chaleur le calment. Je reste près de lui et en peu de temps, il dort paisiblement.

– Les parents sont les meilleurs médecins, vous connaissez vos enfants mieux que quiconque... Faites-vous confiance ! Et il ajoutait parfois : « Maman a toujours raison et papa quand il est à la maison ! Et n'oublie pas, de temps en temps, de faire un "parasol" avec sa couche. Ses fesses ont besoin d'air. »

Jamais il ne manquait de sens de l'humour ! Quand un parent ne parvenait pas à retirer la « suce » de son enfant et que le Dr Paquet jugeait qu'il était temps qu'il le fasse, il prenait la tétine et, avec l'enfant, il allait la déposer sur la montagne de sucettes en caoutchouc qu'il conservait dans son bureau. Devant cet Everest de suces, l'enfant voyait ainsi qu'il n'était pas le seul. Il lui disait alors : « C'est aujourd'hui que tu deviens un grand... »

Avant d'élever un enfant, il faut s'élever soi-même

Pour être un « bon » parent, comme nous l'avons vu au chapitre précédent, on doit avant tout s'élever soi-même, dans tous les sens du terme : s'élever au-dessus des blessures de son passé, s'élever au-dessus de son petit moi qui veut tout contrôler; s'élever au-dessus de tous les mythes et de toutes les illusions qui existent à l'égard du rôle de parent; s'élever au-dessus de la peur de ne pas être à la hauteur du rôle que nous nous apprêtons à jouer. L'enfant qui vient au monde n'est pas là pour combler un vide ou pour répondre aux besoins du couple. Vous êtes ceux qui lui permettront d'acquérir des outils pour qu'il développe sa personnalité et non pas la vôtre.

Vous devrez faire tout ce qui est en votre pouvoir pour ne pas lui transmettre vos peurs, vos phobies ou votre insécurité. Ce que vous n'avez pas aimé vivre lorsque vous étiez enfant ou adolescent, il y a de fortes chances qu'il ne l'appréciera pas davantage. Alors, laissez-lui la chance d'amorcer son chemin sans avoir à porter votre bagage.

S'élever au-dessus de nos guerres

Je veux aussi attirer votre attention sur la réflexion suivante. Durant les dernières décennies, le féminisme a été un mouvement merveilleux pour toutes les femmes et toutes les filles en devenir. Nous devons cependant garder à l'esprit que pendant toutes ces années, les garçons n'ont pas eu la même chance. Ils ont été élevés par des femmes, gardés par des femmes, et ce sont la plupart du temps des femmes qui leur ont enseigné.

Pour toutes sortes de raisons, plusieurs d'entre elles, par ignorance, par maladresse, par colère ou par vengeance, ont détruit l'image de l'homme, voire du père. Ces jeunes garçons se sont retrouvés alors en plein cœur d'une guerre dont ils n'avaient pas à payer le prix. Ils n'étaient que des enfants. Pour leur part, les jeunes filles ont eu la chance inouïe de voir la femme prendre la place qui lui revenait, d'être reconnue avec tous les droits qu'elle méritait depuis si longtemps.

Si la petite fille avait un modèle fort sur lequel elle pouvait s'appuyer pour développer sa personnalité, le petit garçon, lui, n'avait pas droit aux mêmes repères. Dans son désir de « devenir quelqu'un », il ne pouvait pas s'identifier à l'homme, étant donné la piètre image qu'on lui en faisait. Il se voyait devenir un homme, mais quel homme ?

Je me souviens avoir vu mon père dans le salon alors que j'avais environ 12 ans. Il était debout, il avait mis un disque 33 tours de musique écossaise et s'était mis à pleurer. Je l'observais, mais il ne savait même pas que j'étais là, car je m'étais retirée à l'écart. C'était la première fois que je voyais « l'homme » et non pas « mon père ». Je n'ai jamais su d'où venaient ces émotions.

À mon avis, si les hommes et les garçons se cherchent aujourd'hui, ce n'est pas uniquement à cause de l'absence du père, absence trop souvent reprochée par plusieurs grands penseurs. Pour tracer un portrait plus fidèle de la réalité, je pense qu'il faut aussi prendre en considération l'ampleur de la vague de changements qui a déferlé sur eux comme un tsunami, pendant une période s'étalant sur presque deux générations. C'est à ce moment-là qu'ils ont eu à réfléchir radicalement à ce qu'est un homme, et ce, en peu de temps et aussi avec très peu de repères.

Dès lors, tout a été redéfini : du rôle du père, du mari, du chum, au rôle à jouer dans la société, relativement à la sensibilité, la communication, etc. Avec le recul, il faut admettre que ces générations d'hommes n'ont pas tellement bénéficié d'outils ou d'appuis leur permettant de trouver l'équilibre tant espéré ; d'autant plus que les mouvements féministes n'ont pas contribué davantage à les aider dans leur quête d'identité, en poussant parfois jusqu'aux extrêmes les revendications ou les redéfinitions associées au rôle masculin.

Quoi qu'il en soit, la vie m'a amenée à travailler auprès de jeunes de la rue et de jeunes en difficulté. J'ai malheureusement vu beaucoup de garçons qui m'ont révélé à quel point ils trouvaient difficile d'être des hommes en devenir. Si vous saviez combien nos petits garçons ont parfois payé cher l'amour manquant de leur père, par amour pour leur mère... Comme disait maman : *« Par le silence, réfléchissez. »*

En vous faisant part de cette réflexion, je ne cherche pas à trouver des coupables. Je veux simplement dire que nous devons apprendre à nous respecter. Nous évoluons dans cette vie en tant qu'hommes ou femmes, mais chose certaine, nous sommes différents. Peu importe qu'ils soient garçons ou filles, nos enfants demandent tout simplement d'être nos enfants. Ils veulent des adultes à leurs côtés pour les aider à grandir. C'est pourquoi nous devons assumer nos responsabilités à leur égard et nos guerres ne doivent en aucun cas devenir les leurs. Essayons donc d'accepter nos différences et soyons heureux d'être qui nous sommes, des êtres humains à part entière. Avant toute chose, nous sommes leurs parents. Je crois que nous pouvons trouver de part et d'autre le meilleur en chacun de nous et rétablir l'équilibre.

Le mythe du parent idéal

Bien entendu, les parents ont besoin de repères pour les aider dans l'éducation de leurs enfants et pour apprendre à devenir de « bons » parents, surtout quand c'est le premier... Quoi faire ou ne pas faire, quelle discipline utiliser ? En mettant un enfant au monde, ou en accueillant un enfant dans sa vie, soit par l'adoption ou la prise en charge d'un enfant après le décès d'un proche, le parent est une personne qui expérimente la vie dans sa plus belle expression : *« Je ne peux pas vous dire ce que j'ai éprouvé quand je l'ai pris dans mes bras. De toute ma vie, je ne croyais jamais pouvoir ressentir une telle émotion. »* Tenir dans ses bras son enfant qui vient de naître ou qui nous est offert par la vie est une sensation unique au monde. L'accouchement est unique, vos sentiments sont uniques, vous êtes unique, tout comme votre enfant l'est.

Et tous les moments précieux qui vont se succéder dans les jours, les nuits et les années à venir seront tout aussi uniques. Voilà ! Votre aventure de parents sera à votre image. L'amour que vous découvrirez en regardant ce petit être vous surprendra par son intensité. La patience et le courage dont vous ferez preuve vous surprendront aussi. Jamais vous n'auriez cru posséder de telles qualités...

Ce bébé, si petit soit-il, vient de vous faire le plus précieux des cadeaux. Vous venez de découvrir pour la première fois de votre vie l'amour véritable et surtout l'amour inconditionnel. Sans qu'il vous demande quoi que ce soit, vous lui offrirez le meilleur de vous-même, le plus naturellement du monde. Et tout au long de ce processus magique, la chose la plus importante à retenir :

vous êtes son parent, ne doutez jamais de vos capacités, faites-vous confiance...

Être présent le plus souvent possible

Le conseil le plus inestimable que je peux vous donner est celui-ci : soyez présent, disponible ! Il faut grandir avec l'enfant, suivre attentivement les différentes étapes de son évolution. Ici, je veux rendre hommage aux papas de notre nouvelle génération qui m'ont avoué avec honnêteté : « Wow, quand je suis resté seul avec mon bébé pendant plus d'une journée, j'ai compris... j'ai donc compris ! » La présence quotidienne, le 24 heures sur 24, ne peuvent être comparés à une présence occasionnelle. Le quotidien fait prendre conscience d'un tas de détails... Et bien entendu, quand on a la chance de vivre une situation dans son entier, on la saisit beaucoup mieux.

Les pères sont présents plus que jamais et cela permet aux mères de se sentir mieux comprises par rapport aux exigences auxquelles elles doivent faire face lorsqu'elles sont seules avec leur bébé. Le père réalise à quel point c'est exigeant et il découvre aussi combien ce petit être humain est capable de beaucoup plus qu'il n'aurait jamais pu le croire. Ce petit enfant est vivant, et vous, tout ce que vous avez à faire, c'est de garder votre enfant vivant !

Je suis heureuse et fière quand je vois mon fils Dominic avec sa fille. Il a cette capacité de communion avec la petite qu'on ne peut acquérir qu'en passant du temps avec l'enfant : le 24 h/24, le quotidien, quoi ! C'est là que se créent cette union, cette magie, cette fusion avec son enfant. Il a la chance inouïe d'avoir à ses côtés une femme qui lui laisse sa place de père, sans constamment le juger ou le critiquer comme plusieurs mamans ont parfois tendance à le faire, même si elles sont habitées par les meilleures intentions du monde. Des jeunes mamans m'ont confié combien certaines d'entre elles ont la fâcheuse tendance, devant les autres, à « castrer » leur chum simplement pour prouver leur propre supériorité.

Le mythe de l'enfant parfait !

Même père, même mère, même milieu, mais comme ils sont différents... Ce qui me fascine aussi dans l'éducation des enfants, et qui prouve bien l'unicité de chacun d'eux, c'est de voir combien une même éducation et un même amour peuvent faire des êtres parfois si distincts... Déjà, très jeune, vous constaterez qu'il est important de croire en lui et de le guider. Et ce qui vous sera peut-être plus difficile, ce sera d'avoir du recul...

Il n'y a rien de plus facile que d'idolâtrer son enfant, de tout lui permettre, de le surprotéger, de le couver et finalement d'en faire... un petit monstre ; un enfant à qui tout est dû, un enfant pour qui une crise n'attend pas l'autre... Si tous les enfants ont besoin d'amour, tous les enfants ont également besoin de balises, et c'est vous qui aurez la responsabilité de les définir.

L'enfant roi est un enfant malheureux. On ne peut pas laisser des enfants grandir sans encadrement. Ne croyez surtout pas que les enfants laissés à eux-mêmes sont heureux. S'ils le sont, c'est le temps d'une saison. À l'approche de l'hiver, ils n'ont rien reçu pour faire face à leur survie... La vie leur a échappé et une fois devenus adultes, la seule chose qu'ils cherchent, c'est de ne surtout pas faire ce que leurs parents ont fait. La liberté s'apprend, elle se gagne, se découvre et se respecte. L'enfant roi est malheureux, car il n'a aucun royaume sur lequel régner, sauf celui qu'il détruit sans jamais pouvoir l'habiter.

Est-il normal ?

Les parents sont souvent inquiets en ce qui concerne le développement de leur enfant. « Est-il normal ? » Voilà la fameuse question qui revient souvent sur leurs lèvres... Vous lui avez donné la vie, déjà là, c'est un miracle ! Pourquoi s'inquiéter outre mesure de la suite ? Vous partez pour un long voyage à la découverte de l'humanité, l'inconnu vous fait peur ? Les enfants se font à deux, ils doivent être élevés à deux.

L'homme et la femme ont deux façons de penser et d'agir relativement à l'éducation de leur enfant. Amusez-vous à observer un jeune enfant qui commence à marcher. Lorsqu'il tombe, maman va vite le relever. Papa, lui, attend de voir s'il le fera par lui-même. Le père laisse plus souvent l'enfant se débrouiller que la mère. C'est dans sa nature de guerrier. Et bien que la mère ait plus tendance à vouloir aider coûte que coûte son enfant, elle devra apprendre à laisser son conjoint agir en lui faisant confiance. Ensemble, le père et la mère seront les deux polarités dont l'enfant aura besoin pour trouver son équilibre.

De *Tout se joue avant 6 ans*[4] du Dr Fitzhugh Dodson, au Dre Françoise Dolto, médecin pédiatre et psychanalyste célèbre pour ses découvertes en psychanalyse de l'enfance, en passant par le Dr Benjamin Spock, quelle forme d'éducation adopter ? Quel type de parent devenir ? Il existe des bibliothèques pleines de livres sur l'art d'élever son enfant et ces livres recèlent des millions de conseils, il n'est donc pas étonnant que vous ne sachiez pas toujours lesquels suivre. **Chose certaine, malgré tous les livres du monde que vous pouvez consulter, incluant le mien, malgré toutes les expériences que ces livres relatent, il ne faut pas oublier votre expérience à vous et ne prendre de ces livres que ce qui vous convient !**

Pendant une grande période de votre vie, vous avez eu l'occasion de voir les enfants des autres grandir, les nièces et les neveux, les enfants de vos amies... Chaque fois que vous reveniez à la maison, vous aviez peut-être à l'esprit des commentaires du genre : *« Si c'était mon enfant, moi je... »* Est-ce que, malgré toute l'information recueillie, vous avez appris quelque chose ? Oui, bien sûr. Maintenant que vous tenez votre propre enfant dans vos bras, reproduisez-vous les mêmes erreurs que celles commises par vos amies, sans vous en rendre compte ? Peut-être que oui, peut-être que non !

Chaque enfant est unique...

Il n'existe pas deux gènes identiques... comment pourrait-il y avoir des enfants qui le sont ? On veut

---

4. Dodson, Dr Fitzhugh. *Tout se joue avant 6 ans,* éditions Marabout, 2006.

normaliser, standardiser, modeler, uniformiser... Si l'enfant ne répond pas aux normes, on dit qu'il est « différent », mais différent par rapport à quoi ? En cherchant à tout uniformiser, ne viole-t-on pas ce que l'enfant a de plus précieux au monde, son unicité ?

Pour illustrer mon propos, laissez-moi vous raconter cette anecdote :

« Je suis plus grand que la normale... »

Un jour, mon fils arrive de la garderie en pleurant. Je lui demande, ce qu'il a...

« Tout le monde s'amuse et moi il faut que je fasse l'école.

– Pourquoi ?

– La monitrice m'a dit que j'allais sauter ma maternelle et que j'irais tout de suite en première année. »

J'étais en furie. Pourquoi cette femme prenait-elle ce genre de décision sans même m'en parler ? J'ai expliqué à mon fils que l'éducatrice en question le jugeait sans doute capable de beaucoup de choses et que demain j'irais lui parler.

À la décharge de cette monitrice, je suis persuadée qu'elle n'était pas consciente de ce que mon fils vivait intérieurement. Elle croyait bien faire... Mais comme mon fils était plus grand que la moyenne, elle a constaté également qu'elle lui en demandait toujours plus qu'aux autres, comme s'il avait un ou deux ans de plus.

Nous sommes tellement habitués de nous conformer aux normes que tout ce qui n'y correspond pas est considéré comme anormal... Tous les enfants sont différents les uns des autres, nous devons apprendre à voir au-delà du physique, au-delà des apparences. Ce n'est pas toujours facile dans notre société du paraître... Pourtant, le vrai regard est celui qu'on porte avec les yeux du cœur... Un jour, un aveugle m'a dit : « Je suis heureux d'être aveugle. Je vois ce que plusieurs ne voient pas. » Puis il s'est retourné vers sa femme et a dit : « Je la verrai toujours avec les yeux du cœur. »

Pourquoi veut-on absolument que nos enfants satisfassent en tous points à ces fameuses normes ? Il a été propre plus tard, mais il a parlé bien avant son temps... Qui dit que Mozart, qui a joué son premier concerto à 3 ans, n'était pas en retard sur d'autres aspects de son développement ? Chaque différence développe une force chez l'enfant.

Pour ma part, j'ai souvent eu la chance de côtoyer des enfants « dits différents » : handicapés, autistes, malentendants. Ce sont ceux qui m'ont le plus appris... Alors, si un jour vous rencontrez un de ces grands maîtres, soyez humble et remerciez-le de sa présence. On est toujours un peu mal à l'aise devant les vrais grands maîtres.

Les contrats de vie

Chaque enfant vient au monde avec un bagage personnel et sitôt né, il enregistre tout ce qu'il voit, tout ce qu'il entend, tout ce qu'il ressent. Tout s'inscrit en lui comme une empreinte qui influencera à jamais sa vision de l'existence, sa façon d'interpréter les situations qu'il va vivre.

Ce qui rend aussi votre enfant unique, ce sont les contrats de vie qu'il signe parfois bien avant sa naissance, et ensuite ceux qu'il remplit dans les premières années de sa vie...

L'enfant vient parfois au monde avec un ou plusieurs contrats à exécuter :

– Pour « sauver » le couple...

– Pour donner un garçon au père...

– Pour donner un sens à la vie de sa mère...

– Pour « attacher » le père à la maison...

Combien de jeunes hommes et de jeunes femmes m'ont confié qu'ils avaient dû endosser la peine que leurs parents portaient, dans le but d'alléger leur fardeau ? Ce n'était pourtant pas leur peine à eux ! Et combien de fois avons-nous entendu dire par un parent à propos de son enfant : « Ce sera mon bâton de vieillesse... » Quel mandat à porter !

Si je vous en parle, c'est pour vous faire réfléchir à cette question : pourquoi avez-vous choisi d'avoir un enfant ? Et si vous vous rendez compte qu'inconsciemment vous l'avez chargé d'un « contrat », corrigez immédiatement votre tir, car vous lui demandez d'assumer une responsabilité qui ne lui appartient pas. Il ne doit en aucun temps sentir qu'il doit remplir ce mandat de « sauver votre couple » ou tout autre mandat que ce soit. Ne soyez pas surpris si je vous dis que certains m'ont confié avoir fait un enfant pour recevoir les 3 000 $ offerts par le gouvernement...

Quand je vois des couples qui ont un enfant, tout en me confiant que ça ne va pas vraiment bien entre eux, et qu'ils décident quand même d'avoir un autre enfant dans l'espoir de corriger la situation... Soyez honnêtes. Croyez-vous vraiment qu'un deuxième enfant va changer quelque chose à la qualité de votre relation ? C'est un contrat beaucoup trop lourd à porter pour l'enfant qui, comme il ressent tout ce qui se passe autour de lui, se sentira totalement impuissant pour remédier à la situation. De plus, déjà il va expérimenter l'échec au cœur même de sa jeune expérience. Il est beaucoup trop jeune pour trouver une solution à votre vie commune, là où vous n'en trouvez pas par vous-mêmes.

J'ai aussi rencontré des mères qui me disaient s'être fait le cadeau d'un enfant pour combler un manque d'affection et d'amour... Tout un contrat ! C'est à se demander qui est l'enfant ? Qui va s'occuper de qui ? Qui va prendre soin de qui ? Il y a donc les contrats de naissance et aussi tous les contrats qui se signent par la suite... des contrats que l'on doit *rendre à terme*, des contrats qui nous sont propres et que l'on se donne sans vraiment en connaître l'ampleur.

Mon contrat à moi...

Permettez-moi de vous parler d'un contrat que j'avais passé avec moi-même et dont je me suis récemment libérée... Je me suis souvent demandé pourquoi aussitôt que je recevais de l'aide ou si l'on s'occupait de moi, cela me faisait toujours monter les larmes aux yeux ? J'éprouvais même une certaine difficulté à dire merci, car ce mot signifiait pour moi d'accepter l'aide ou le compliment. Mais pour quelle raison étais-je incapable de recevoir ?

Dans les derniers jours de vie de maman, j'ai eu la chance de partager des moments très intimes avec elle où, pour la première fois, elle m'a parlé des contrats de vie dont je m'étais chargée. Quand je lui ai parlé de mon malaise et de la peine que je ressentais lorsqu'on s'occupait de moi, elle m'a regardée avec tendresse et elle a pris mes mains, comme si, en me faisant l'imposition des mains, elle pourrait tout guérir avant son départ.

Elle m'a dit : « Un jour, tu avais à peine 7 ans, nous étions ton père et moi en train de discuter d'un problème d'argent. Tu étais debout, tu nous observais et tu écoutais tout ce qu'on disait. Notre conversation ressemblait un peu à ceci :

« "Écoute, j'ai beau travailler jour et nuit, je n'y arrive pas. Tu joues et tu perds le peu que nous avons. Il faut s'occuper des enfants, ils ont besoin de tellement de choses." À ce moment-là, en nous regardant dans les yeux, tu as dit le plus sérieusement du monde : "Moi, vous n'aurez plus besoin de vous occuper de moi. Je vais m'occuper de moi toute seule." » Je me suis mise à pleurer en me souvenant très bien soudainement de ce moment que j'avais oublié.

Combien de contrats de vie sont-ils sortis momentanément de notre mémoire ? Malgré notre oubli, ils refont souvent surface sans même nous avertir. Vous avez fort probablement signé des contrats avec vos parents, de votre conception à aujourd'hui... Quels sont-ils ? Il vous faut les découvrir avant de les refiler à votre enfant. Il se peut aussi que vous ayez signé des contrats concernant l'école, la religion, la société, vos relations amoureuses, etc. Tout ceci fait de vous une personne unique au monde, avec votre façon bien personnelle de réagir aux situations de la vie.

Cherchez à comprendre pourquoi vous réagissez de telle ou telle manière dans certaines circonstances. Ces réactions ressemblent-elles à celles de vos parents ? Et si elles ne vous appartenaient pas ? Vous vous êtes façonné une vie ? Est-ce pour vous protéger ? Si oui de quoi ?

Le droit à l'imperfection

Vous avez le droit d'être *imparfait*, c'est ce qui fait de vous un être qui a du vécu, qui est en mesure de se faire confiance et surtout d'avoir confiance en son potentiel. De plus, il est primordial de faire le bilan de sa vie avant de vouloir guider la vie d'un autre, en l'occurrence, celle de son enfant ! Un couple qui se respecte est un couple qui se parle, où chacun est honnête l'un envers l'autre. On peut s'entraider.

Quand on échange, sans jugement, en communiquant avec respect, dans le seul et unique but d'évoluer en tant qu'individu, de se dire et d'exprimer ce que l'on ressent vraiment, cela contribue à ce que l'autre n'est pas obligé de deviner nos états d'âme. On évite ainsi que le couple ne vive de l'incompréhension. La vérité dans tout : émotions, sentiments, ressentis... Apprendre à être vrai, pour soi et pour l'autre, voilà la clé.

Votre enfant est unique, tout comme vous l'êtes !

Comment être un « bon » parent si on ne se connaît pas soi-même et si on ne reconnaît pas le fait que notre enfant est aussi unique que nous le sommes ? Comment expliquer que trois enfants éduqués par les mêmes parents et dans le même milieu soient tous les trois différents dans tout : talents, qualités, défauts, agissements, tempérament, personnalité ?

- C'est un solitaire ;
- C'est une tornade ;
- C'est un leader ;
- C'est un sportif ;
- C'est un manuel.

Qui est-il ? Ce sera à vous de le découvrir...

Votre enfant est aussi unique que vous l'êtes et si vous voulez vraiment établir une bonne relation avec lui, si vous voulez vraiment lui transmettre de bonnes bases dans la vie, vous devez avant tout devenir conscient du bagage que vous portez « dans votre sac à dos », pour ensuite l'aider à découvrir ce qu'il porte dans le sien ! Toutes les statistiques pour définir l'enfant parfait, tous les repères permettant de statuer sur le comportement du parent idéal ne sont pas d'une grande utilité ! Sachez faire le tri, ne prenez que ce qui vous convient et faites-vous confiance. Vous êtes le maître à bord, n'oubliez jamais que vous êtes là pour apprendre et évoluer.

Un petit exercice à faire en famille
Qui croyez-vous connaître vraiment... ?

Prenez une feuille de papier et prenez le temps de répondre aux questions qui suivent pour vous permettre de mieux vous situer.

– Quels contrats possédiez-vous déjà à votre naissance ?

- Vous, une fille, êtes-vous devenue le garçon tant attendu ?
- Je suis l'enfant qui en remplace un autre.

– Quels contrats croyez-vous avoir signés dans votre enfance ?

- La responsabilité d'être la mère après un décès ?
- De combler le vide affectif d'un parent ?
- Perpétuer avec mon enfant ce que j'ai vécu avec ma mère. (J'ai rencontré une maman dans une maison pour femmes battues qui m'a confié qu'elle était venue dans cette même maison avec sa mère lorsqu'elle avait 5 ans).

– Se peut-il qu'inconsciemment vous ayez fait signer un contrat à votre enfant ? Si oui, lequel ?

– Quelle est la raison fondamentale pour laquelle vous vouliez un enfant ?

– Vous croyez connaître votre enfant ? Papa et maman, prenez une feuille blanche et décrivez-le, sans vous consulter.

- Quel genre d'enfant est-il ?
- Quelles sont ses forces, ses qualités, ses faiblesses ?
- Est-ce un leader, un timide, un créatif ?
- Comparez ensuite vos descriptions !

Et lorsque l'enfant est en âge de le faire, demandez-lui de répondre à ces mêmes questions... Il se peut que vous soyez surpris !

Chapitre 3

QUI DIT QUOI ? QUI FAIT QUOI ?

Cohérence des parents, confiance des enfants, savoir prêcher par l'exemple

On rencontre parfois des adultes qui, lorsqu'ils sont en présence de leurs enfants, ne sont absolument pas à l'aise dans le rôle qu'ils doivent jouer auprès d'eux. Si on prend le temps d'observer leurs jeux de rôles, on se demande : qui est le parent ? Qui est l'enfant ? On sent le parent hésitant à prendre sa place, à définir les limites de son territoire, ce qui donne à l'enfant toute la latitude pour empiéter sur celui-ci.

C'est un peu comme si les parents ne possédaient pas pleinement leur personnage... C'est important de bien positionner la « hiérarchie » dans la famille dès le tout début, de définir clairement les rôles et de les assumer !

Sur la scène où évolue le parent

Après 9 mois d'attente, et parfois des années de préparation, vient enfin le jour où la vie vous invite à jouer un nouveau rôle sur la scène de votre existence. Vous devrez dorénavant endosser un rôle qui vous suivra jusqu'à ce que mort s'ensuive : celui de parent. Êtes-vous prêt ? Tout comme dans un film que vous vous apprêtez à jouer, film dans lequel vous tiendrez le premier rôle, avez-vous étudié votre personnage ? Le connaissez-vous seulement ?

Dans ma vie professionnelle, j'ai souvent eu et j'ai encore à jouer des rôles, à entrer dans la peau de différents personnages pour leur donner vie. Chaque fois, mon premier travail consiste à apprendre à connaître mon personnage : d'où vient-il, quelle a été sa vie ? Aujourd'hui, quelle est sa manière d'être, de parler, de marcher, de vivre, quoi ? Est-il colérique, tendre, renfermé, extraverti ? Quelles sont ses qualités, quelles sont ses faiblesses ?

À force de lire et de relire mes scènes, je finis par mieux connaître mon personnage, je sais de plus en plus qui il est, comment il réagira dans telle circonstance, si sa voix devra être posée ou ferme. Plus le temps passe et plus j'entre dans sa peau, plus je m'apprête à devenir qui il est. Et peu importe la nature du rôle, lorsque le comédien réussit à incarner pleinement son personnage, c'est la clé de la réussite !

C'est la même chose pour tous les rôles qui vont se présenter sur la scène de notre existence, et encore plus pour celui de parent ! C'est un rôle que je joue depuis plus de 30 ans, un rôle que je continue aujourd'hui à travailler, à peaufiner, à découvrir même, car tous les personnages autour de moi sont en constante évolution.

Quel personnage incarnez-vous ?

Pour que votre rôle de parent soit une réussite, que vous soyez la mère ou le père, vous vous devez, vous aussi, de bien connaître votre personnage. Qui êtes-vous ? D'où venez-vous ? Quelle a été votre enfance ? Quelle image vos parents vous ont-ils transmise ? Aujourd'hui quelle est votre manière d'être, de vivre ? Êtes-vous « soupe au lait », patient, tolérant, colérique, tendre, introverti ? Quelles sont vos forces et vos faiblesses ?

La vie vous invite à jouer un rôle important aussi bien sur la scène de votre vie que dans la vie de votre enfant. Ça vaut la peine de se préparer, de réfléchir, de connaître le personnage que vous avez été à ce jour aussi bien que celui qui vit à vos côtés et avec qui vous allez partager le rôle de parent. Et croyez-en mon expérience, plus vous allez connaître votre personnage, plus votre rôle sera facile à incarner.

Je veux cependant apporter cette réflexion à votre attention. Cet exercice d'introspection n'a pas pour but de ressasser le passé en accusant nos parents d'avoir mal joué leur rôle. Nos parents ont fait ce qu'ils ont pu avec ce qu'ils avaient et nous n'aurions peut-être pas fait mieux... Cette introspection a simplement pour but de nous aider à conscientiser qui nous sommes vraiment, à mieux nous connaître, sans jugement de l'autre ou de soi, dans le respect de qui nous sommes.

Une fois cette réflexion complétée, amusez-vous à imaginer quelques scènes de votre personnage en devenir. Qui serez-vous en présence de votre enfant, non pas comme une gardienne, mais 24 heures sur 24, parent au quotidien... ? Qui serez-vous quand vous serez épuisé et que vous voudrez « le congeler », pendant et après les nuits blanches, les inquiétudes, la peur qu'il lui arrive quelque chose ? Comment réagirez-vous dans les moments de découragement ? Chose certaine, plus vous posséderez votre personnage et mieux vous connaîtrez celui de votre conjoint, plus vous aurez de facilité à traverser les aléas de la vie de parents !

Le rôle que vous vous apprêtez à jouer sera un premier rôle. Oui, il y aura place à l'improvisation, mais sachez que votre partenaire aura également un premier rôle, tout comme votre enfant aura un premier rôle, car un « premier rôle » est alloué à un personnage qui est présent tout au long du film. Il s'agira de déterminer la qualité des jeux que vous aurez à jouer 24 heures sur 24. C'est ça le grand défi. Et lorsque viendra le moment d'improviser, votre canevas de base sera... votre vie.

Sur la scène où évolue l'enfant

Quand nous arrivons sur la scène, fébrile, texte en main et que c'est notre première rencontre avec le metteur en scène, nous nous attendons à ce qu'il nous guide, nous encadre, nous dirige avec discipline, car le temps est précieux. Nous respectons qui il est, car au fil des années il a su se faire respecter dans son domaine. Nous sommes en confiance et nous lui donnons tout ce que nous avons dans les tripes. Sur la scène, tout est en place. Le décor, les costumes, l'éclairage..., tout le monde a fait ce qu'il avait à faire pour un seul et unique but : le succès de la pièce.

Sur la scène de la vie de l'enfant, il n'y a pas de petits rôles, que de grands rôles ! Tous ceux qui, de près ou de loin, défileront à ses côtés auront tous un rôle important à jouer. Il arrive nu, totalement dépendant, complètement vulnérable. Ses besoins vitaux se résument en trois mots : amour, sécurité, protection. Il veut un metteur en scène à la hauteur de ses attentes et c'est là que vous entrez en scène...

Vous êtes le metteur en scène

Dès le début, les parents et les enfants doivent définir clairement leur propre rôle : « Qui est le parent ? Qui est l'enfant ? Qui dit quoi ? Qui fait quoi ? » Non pas dans le but de détenir le pouvoir et de l'exercer sur l'autre, mais pour établir au départ des règles claires pour faciliter la vie de tous.

Sur la scène de vie de l'enfant, le rôle du parent est celui du metteur en scène. Vous savez ce que vous voulez, ce que vous attendez de votre enfant, tout comme le metteur en scène sait ce qu'il attend de ses comédiens. Qui sera-t-il ? Un sportif, un pianiste, un tendre, un curieux, un casse-cou, un intello ? La différence entre le metteur en scène et vous, c'est que vous ne faites pas passer d'audition. Donc, vous allez devoir apprendre à accepter votre enfant tel qu'il est et découvrir ce qui se cache derrière son personnage, plutôt que de tenter de le faire entrer dans la peau d'un autre.

Bien entendu, lui non plus ne se connaît pas au début… Malgré les multiples leçons que vous lui avez fait suivre, et maintenant que vous vous êtes procuré cet instrument de prix, il va s'asseoir au piano pour vous dire qu'il n'aime plus ça. Puis, après avoir dépensé une fortune en équipement de gardien de but au hockey, il préférera être joueur de centre ou encore il optera pour la piscine avec un « speedo », parce qu'il veut être plongeur comme son idole, Alexandre Despatie…

Or, à travers ces nombreux essais et erreurs, vous devrez tenter de découvrir quelle est cette âme pour l'aider à se connaître, chercher à saisir qui elle est, quelle est sa manière d'être, de parler, de vivre, quoi ! Et ce, de la même façon que vous vous êtes prêté à ce manège pour vous connaître vous-même. Est-il colérique, tendre, renfermé, extraverti ? Quelles sont ses qualités, quelles sont ses faiblesses ?… Plus vous allez prendre le temps de l'observer, de l'écouter, et mieux vous connaîtrez l'être humain qui l'habite. Par conséquent, en bon metteur en scène que vous êtes, plus vous l'aiderez à exploiter tous ses talents, plus il pourra jouer le rôle de sa vie de façon magistrale !

Chose certaine, vous serez toujours le parent et il sera toujours l'enfant. Donc, il vaudrait mieux déterminer tout de suite quel genre de parent vous voulez être, sans pour autant reproduire le même scénario de ce que vos parents ont été pour vous. Nouvelle génération, nouvelle perspective, et Dieu merci, c'est ainsi que le peuple évolue. Reconnaissez vos forces sans nier vos faiblesses, car en les reconnaissant, il devient plus simple de les accepter et de demander de l'aide au besoin ; tout comme le metteur en scène qui, accompagné de son assistant et de ses comédiens, peut donner vie à un chef-d'œuvre si tout le monde travaille ensemble.

Assumer pleinement son rôle

Le metteur en scène avec qui nous travaillons est très particulier. Il a fixé des règles strictes : être ponctuel, connaître son texte par cœur, être respectueux. C'est un pince-sans-rire qui tolère les fous rires, mais sans qu'on en abuse. Il sait nous mettre en confiance, il voit le potentiel en chacun, il nous invite à l'admettre pour ensuite le dépasser.

Vous, comment vous décririez-vous comme metteur en scène ? C'est important de répondre à cette question, car votre enfant doit savoir tout de suite à qui il a affaire. Vous devez être conséquent avec vos principes, constant dans vos actions ; vous êtes son parent, non pas son ami. Parents, voici le moment venu d'établir vos propres règles, de délimiter votre territoire, de mettre à profit qui vous êtes et ce que vous connaissez pour lui donner le meilleur de vous-mêmes :

- respect ;
- discipline ;
- encadrement ;
- communication ;
- confiance ;
- liberté, etc.

Une fois cet exercice complété, votre enfant sera invité à respecter vos règles, tout comme vous serez invité à respecter le fait que c'est un enfant et non pas un adulte... Il arrive parfois que les parents oublient ce « léger détail » et s'attendent à ce que leur enfant réagisse comme s'il avait 10 fois son âge... Donc, même si vos règles vous semblent claires comme de l'eau de roche, attendez-vous à devoir les répéter jusqu'à ce qu'elles soient bien ancrées dans la vie de votre enfant. Vous devrez ici faire preuve de fermeté, de constance et de cohérence.

À l'inverse, le parent ne doit pas se voir comme ayant l'âge de son enfant... Dans un désir sincère de créer une proximité avec leurs enfants, trop souvent les parents essaient de devenir leurs amis : ils utilisent leurs expressions, écoutent leur musique, s'habillent à « la mode », s'immiscent dans leurs rencontres d'amis, etc. C'est triste de voir certains parents qui ont tellement peur de vieillir qu'ils en viennent à vouloir rester les amis de leurs enfants. L'enfant a besoin que son parent joue son rôle à lui et non pas celui d'un autre, surtout lorsque vient l'adolescence. À cette époque charnière, il a 1000 fois plus besoin d'un adulte responsable et qui suit une logique que d'un ami ! « Papa, des amis j'en ai plein... je n'en veux pas un de plus. Un père, j'en ai juste un. J'en ai besoin ! »

Destination discipline...

On voudrait tant ne jamais avoir à élever le ton, à donner des punitions et surtout à les faire tenir jusqu'au bout ! C'est souvent quand vient le moment de sévir que le parent abdique ses responsabilités et choisit la facilité : jouer à l'autruche et faire comme si rien ne s'était passé, faire la sourde oreille aux récriminations incessantes du jeune, alléger la sentence annoncée, donner des sursis, c'est la pire chose à faire ! Car dites-vous que si petite soit votre faille, l'enfant va la voir et sauter à pieds joints sur cette occasion ! Il va essayer de vous avoir à l'usure et, malheureusement, cette technique réussit la plupart du temps.

Pour être efficace et facile à mettre en application, la discipline doit être fermement établie au début et maintenue par la suite. Et s'il est important d'être constant, il ne faut pas oublier que tout le monde a droit à l'erreur... S'il arrive que votre réaction par rapport à une situation ne soit pas la bonne, ajustez votre tir et tenez compte de cet ajustement par la suite. L'enfant comprendra rapidement votre nouvelle position. Il faut surtout être tenace, car avec le temps, l'enfant va réaliser qu'il ne lui sert à rien de crier, de se rouler par terre ou de vous foudroyer du regard : vous ne bougerez pas d'un iota. Il va aussi vous menacer le plus sérieusement du monde de ne plus jamais vous aimer, mais rassurez-vous, il ne vous en aimera que davantage, en plus de vous respecter.

En fait, chaque « sentence » a sa raison d'être, c'est une conséquence à une attitude. Aussi, afin de vous aider à aborder l'univers délicat de la discipline, à désamorcer les mines que votre enfant va placer sur votre chemin, je tiens à vous partager quelques-unes des stratégies que j'ai mises en pratique avec mes trois enfants ! Cependant, avant d'aller plus loin, je me dois de vous faire une confidence. Je me suis toujours sentie déchirée chaque fois que j'ai eu à punir d'une façon ou d'une autre l'un de mes enfants et je vous avoue qu'il faut beaucoup d'amour pour établir des règles de discipline, mais qu'il en faut encore plus pour les faire respecter. Je me disais toujours :

« Pourquoi me pousser à bout ? Je ne veux pas me rendre jusque-là. » Et lorsque les enfants testaient mes limites en « étirant l'élastique » à son maximum, mon devoir de maman et d'éducatrice était lourdement éprouvé, croyez-moi. Et surtout, je n'acceptais pas que mes enfants m'appellent Passe-Carreau quand la discipline était au menu...

De la cohérence avant tout !

Il n'y a rien de plus déstabilisant pour des enfants que d'être élevés par des parents qui se contredisent continuellement. Chaque parent ayant vécu des enfances parfois diamétralement opposées, une éducation et des façons de faire différentes, il n'est pas rare qu'ils se retrouvent tous deux confrontés à des manières d'être et de vivre qui ne sont guère similaires. Un parent est habitué au vouvoiement, l'autre pas ; l'un a vécu la discipline à grands coups de poing, l'autre n'a jamais été frappé ; l'un a pris l'habitude de se promener nu, l'autre est pudique au possible ; l'un a vécu dans un environnement où l'on mangeait végétarien quant à l'autre il retrouvait la plupart du temps du « fast-food » au menu...

En ce qui a trait aux relations interpersonnelles, les différences étaient aussi marquées. Dans la famille du père on « s'envoyait promener » à qui mieux mieux, aucune manifestation d'amour n'était admise et le silence régnait en maître, alors que chez la mère, c'était l'expression de l'amour par des caresses, des accolades et des bisous à profusion... Dans cette optique, comment peut-on établir des règles qui conviennent à tous, dans le respect des uns et des autres, sans que personne ne se sente brimé ? À mon avis, il n'existe qu'une seule avenue : la communication. Qui dit quoi ? Qui fait quoi ? Consultation, communication, respect.

> « N'oubliez pas que les enfants suivent les exemples mieux que les conseils. »
>
> – Roy L. Smith

Être cohérent par rapport à qui on est

Vous devez avant tout accepter d'emblée qui vous êtes avec amour et avec le plus grand des égards. Par la suite, il faut faire preuve de vigilance afin d'être en mesure de reconnaître et de faire respecter ses limites. Si vous êtes honnête envers vous-même, vous le serez envers les autres, en l'occurrence votre conjoint et votre enfant. Ne cherchez surtout pas à être différent de ce que vous êtes au tréfonds de vous, car il ne s'agit pas ici du comédien qui joue un personnage pendant une certaine période et qui ensuite passe au suivant. C'est de vous qu'il est question et vous ne pouvez pas vous défiler pour passer au rôle suivant, vous devez jouer votre rôle de parent jusqu'au bout. Vous devez endosser cette responsabilité pour la vie.

Par surcroît, vous vous devez aussi de prêcher par l'exemple. Plus vous serez vrai et honnête envers vous-même, plus vous le serez avec les autres, et plus il vous sera facile d'être en communication avec eux, même quand tout semble mal aller. Tous sauront qu'avec vous la vérité est au rendez-vous et que vous êtes comme vous êtes. Aussi, pour l'enfant, c'est beaucoup plus facile de savoir clairement une chose que de tenter de la deviner. En étant honnête, en ne cachant pas votre sensibilité, il aura plus de facilité à voir et à respecter vos limites.

Être cohérent par rapport à ce que l'on dit

Quand on vous dit qu'une chose doit être faite et qu'elle ne se fait jamais, comment vous sentez-vous ? Dire une chose et passer à l'action, c'est faire preuve de respect, c'est accepter de prendre ses responsabilités, c'est établir un milieu de confiance. Si vous dites à votre enfant que vous venez le chercher à 19 h, soyez-y ! Si vous lui dites que vous allez l'appeler, faites-le ! Si vous ne respectez pas votre parole, votre enfant se sentira trahi, et ce sentiment de trahison finira par miner sa confiance. J'ai été témoin d'enfants qui ont passé la soirée devant leur fenêtre à espérer que papa viendrait... « Oui, je te le dis, il va venir ! »

Lorsque la communication est clairement établie, que le parent donne toujours « l'heure juste », c'est beaucoup plus facile par la suite de demander à l'enfant de faire de même. Un lien de confiance sera solidement noué et pourra devenir d'une grande importance lorsque surviendront des passages plus difficiles de la vie.

Être cohérent par rapport à ce que l'on fait

Comme parent, on doit toujours prêcher par l'exemple. Demander à un enfant de baisser le ton en criant, ça n'a pas tellement de sens ! Mais il nous arrive tous parfois de faire des choses qui ne sont pas totalement en harmonie avec ce que nous prônons. En ce qui a trait à cette lacune du comportement de l'adulte, l'enfant est un fin renard, capable de la déceler et de profiter de toutes les faiblesses dont vous allez faire preuve.

Quand vous voyez que vous êtes dans une faille, admettez-le : « Oui, il m'arrive de... je vis un moment difficile au travail... », et donnez-vous la peine d'expliquer en toute franchise ce que vous vivez. Vous désamorcez ainsi une situation potentiellement explosive. L'enfant va vous être reconnaissant que vous le considériez comme une personne intelligente, qui est en mesure de comprendre et même de vous venir en aide. Et surtout qu'il n'est pas responsable de votre état d'âme.

J'ai pour ma part souvent demandé à l'aîné de mes enfants de m'aider à trouver des solutions lorsque j'éprouvais des problèmes avec les plus jeunes. Non seulement ça fonctionnait, mais de plus ça le responsabilisait en créant une relation différente entre nous.

Aller au dodo

Je me souviens du temps où la plus jeune ne voulait pas se coucher. Un jour, j'ai pris Marco à part pour lui demander conseil. Il m'a dit : « Voici ce que je suggère, je vais me coucher en même temps qu'elle, mais au lieu de faire semblant de dormir, je vais lire sous mes couvertures avec ma lampe de poche. Elle va penser que je fais dodo, alors que je serai en train de lire... » Non seulement son subterfuge marchait, mais ils s'endormaient tous les deux.

Nous devons apprendre à déléguer certaines tâches qui, au sein d'une même famille, rendent tous les membres responsables et les unissent.

Être conséquent et faire ce que l'on dit

Combien de fois peut-on répéter les mêmes avertissements sans passer à l'action... « Je t'avertis..., si tu laisses encore traîner ton vélo dans l'entrée, je le confisque. » « Je t'avertis..., si tu arrives encore en retard pour le repas du soir sans appeler pour nous en aviser, tu vas te passer de souper. » « Je t'avertis..., si tu ne ramasses pas ton linge, il va disparaître. » « Je t'avertis, c'est la dernière fois !!! »

Et plus on prévient l'enfant, moins ça change. Pourquoi ? Parce qu'après « je t'avertis », nous ne passons pas à l'action. Et ça, l'enfant le sait très bien. Il sait exactement jusqu'où il peut aller pour étirer notre fameux élastique sans le casser. Alors, il joue le jeu jusqu'au bout, car il sait pertinemment qu'il n'a pas grand-chose à perdre, sauf peut-être votre sourire pendant quelques instants.

Cette « guerre des nerfs » entre les parents et leurs enfants s'installe lentement mais sûrement, et ce si subtilement, qu'on ne s'en rend même plus compte. On avise pour la forme, l'enfant joue son rôle et fait semblant d'avoir « enfin » compris, une fois pour toutes. On est tellement habitués de jouer et de rejouer la même scène que ça devient presque un mode de vie. On achète la paix, mais laquelle ? Surtout pas la nôtre.

Vous, les parents qui me lisez, vous reconnaissez-vous dans ce scénario ? Êtes-vous épuisés de répéter encore la même sempiternelle rengaine, de soulever sans cesse les mêmes reproches ? Oui ! Alors, ce n'est pas compliqué : passez à l'action ! Dans l'univers de la discipline, deux consignes sont habituellement de mise : toujours réfléchir avant et ne jamais fléchir après.

Toujours réfléchir avant d'émettre un avertissement ou de donner une punition pour vous assurer que, toutes proportions gardées, la peine est équitable en fonction du geste que l'enfant a commis. Trop souvent, on devient tellement exaspéré que l'on donne des punitions disproportionnées par rapport à la situation. Alors, pourquoi ne pas dire à votre enfant : « Va dans ta chambre et pendant ce temps je vais réfléchir à ta punition. » Ça vous évite de prononcer des paroles blessantes ou de donner des punitions exagérées et déraisonnables.

Ne jamais fléchir une fois que vous avez soumis votre consigne. Il est primordial que vous passiez à l'acte pour montrer de façon claire et précise à votre enfant que vous n'êtes plus simplement un moulin à paroles, mais un être humain qui tient à se faire respecter ; vous êtes un parent qui veut transmettre des valeurs essentielles à son enfant : respect des consignes, respect de l'environnement que l'on habite avec les autres, respect de leur horaire et de leur emploi du temps, etc. Et que votre enfant trouve ça agréable ou non, il sait très bien au fond de lui-même qu'il a besoin de cette forme d'encadrement.

Je vous concède que ce n'est pas toujours facile à faire. Ça demande de la pratique et du temps. C'est pourquoi, au début, allez-y avec de petites punitions. À force de pratique, vous allez voir combien l'effort vaut la peine d'être fait ! De plus, quand on prend le temps de réfléchir à la punition avant de la donner, on ne se trouve pas aux prises avec des sanctions disproportionnées et difficiles à mettre à exécution.

Ça semble tout simple pour moi d'écrire ces suggestions... Dites-vous toutefois que j'ai un recul de 30 ans. J'en ai vécu des heures de conflits avec mes 3 enfants. Ce sont justement eux qui m'ont aidée à mieux comprendre les rouages de la discipline. Voici quelques-unes des règles et quelques-uns des trucs que j'ai développés au fil des années, à la sueur de mon front...

Ne punir que la personne concernée : l'enfant !

Eh oui, il arrive trop souvent que les punitions touchent aussi bien les frères et sœurs que les parents eux-mêmes : sorties annulées, ambiances ternies, etc. C'est pourquoi il est très important que la punition ne soit donnée qu'à la personne concernée.

Séance de cinéma... pour qui ?

« Chaque fois que je sortais avec les enfants pour une activité au cinéma ou une autre, mes deux plus jeunes se chamaillaient continuellement dans la voiture. Ils avaient un an et demi de différence. Je leur disais :

« Ça suffit, si vous continuez, je retourne à la maison et pas de cinéma ! »

Le calme revenait pendant cinq minutes, après quoi les querelles reprenaient de plus belle. Je m'entendais de nouveau leur redire...

« Ça suffit, si vous n'arrêtez pas, je retourne à la maison et pas de cinéma ! »

La scène se déroulait ainsi jusqu'à ce qu'ils soient confortablement assis au cinéma.

Jusqu'au jour où, toujours en allant au cinéma, je donne un premier avertissement, cinq minutes de répit s'écoulent et ça recommence. Alors, je ne dis rien, je roule en les écoutant se disputer, j'entre dans le stationnement du cinéma, je fais demi-tour, et je reprends la route de la maison. Ils sont tellement occupés à se critiquer l'un l'autre, qu'ils ne se rendent compte de rien. Une fois l'auto arrêtée, ils restent bouche bée en constatant où nous sommes et ils s'exclament :

« Ça ne se peut pas. On est revenus à la maison ! »

Je les vois rentrer très calmement à l'intérieur et ils me demandent :

« Ça va maman ?

– Moi, oui ! Vous autres ?

– As-tu oublié quelque chose ?

– Moi, non ! Mais vous, oui ! Je vous ai dit que si vous vous chamailliez dans la voiture lorsque je conduisais, on reviendrait à la maison, eh bien, c'est fait ! »

Cette fois-ci, ils avaient compris qu'il n'était pas question de répliquer. Ils sont donc partis chacun de leur côté dans la maison. Au bout de quelques minutes, ils viennent me voir :

« Maman, qu'est-ce que tu fais ?

– Je me prépare pour sortir?

– Tu vas où?

– Au cinéma! La gardienne va arriver dans deux minutes pour s'occuper de vous! J'ai vraiment envie de voir un bon film.»

Vous auriez dû voir leur visage... Non seulement, ont-ils compris, mais à partir de ce moment-là, quand je disais quelque chose, ils savaient que mes paroles seraient conséquentes avec mes actions.

Il n'y a aucune raison pour que vous vous punissiez vous aussi ou encore que vous punissiez les enfants qui ne sont pas en cause dans cette histoire. Vous n'avez pas à assumer la responsabilité de leurs actes et c'est là toute la différence. En agissant ainsi, je leur ai montré qu'ils étaient responsables de leur décision de se quereller et surtout qu'il y avait des conséquences à leurs actes.

Faire du chantage, c'est un jeu malsain

Il ne faudrait pas cependant que vos menaces amènent votre enfant à vivre continuellement dans un état de peur, de crainte, en ne sachant pas si... Si vous tentez d'obtenir quelque chose de votre enfant en employant le blâme, les réprimandes, il est important que votre message soit clair et sans ambiguïtés. Certaines remontrances sont parfois brutales et empreintes de colère, telles que: «Tu ne verras pas ton père, ce week-end». La plupart du temps, il s'agit pour vous d'une forme de défoulement, de chantage émotif, que l'enfant n'est parfois même pas en âge de comprendre.

Soyez attentif aussi au fait qu'il n'y a rien de plus déstabilisant pour votre enfant que de le menacer de telle ou telle punition, pour ensuite le prendre dans vos bras et lui dire : « Mon chaton... ». Avant d'adopter cette attitude, réfléchissez, car en agissant ainsi vous blessez non seulement son âme et son cœur, mais si vous croyez effacer votre emportement par une caresse, vous faites une grave erreur ! Vous lui montrez plutôt comment se faire une armure et un jour viendra où ni vos colères ni vos caresses ne pourront plus l'atteindre.

L'enfant doit assumer les conséquences de ses actes

D'où l'importance d'être clair quand vous lui expliquez ce que cela signifie vraiment d'« être responsable de ses actes » et que tout acte entraîne des conséquences. Vous pouvez l'aider à comprendre cette notion en vous servant des exemples qu'il peut vivre au jour le jour :

> « Si tu vas trop vite, tu risques de faire une chute en vélo. »
>
> « Si tu traverses la rue sans regarder, tu risques de te faire frapper. »
>
> « Si tu joues avec le feu, tu risques de te brûler. Ce sont des choses que tu sais. Tu es responsable de tes gestes et tu dois aussi être conscient des conséquences. »

Grâce à des exemples concrets, votre enfant sera plus en mesure de comprendre ce que veut dire le fameux mot « conséquences ». C'est pourquoi vous vous devez également d'être constant en ce qui a trait aux conséquences.

C'est ainsi que vous préparez votre enfant à vivre en société.

Porte ouverte à la raison

« Quand il était en colère, mon fils avait la fâcheuse habitude de faire claquer la porte de sa chambre à coucher. Je lui ai demandé à plusieurs reprises de faire attention. Mais comme mes mots n'étaient pas assez forts pour lui faire prendre conscience que la portée de ce geste aurait des conséquences, je me suis tue. **J'ai décidé plutôt de passer à l'action...** J'ai donc enlevé la porte ! Plus de porte à claquer ! ! ! Il a compris ! La journée où il a voulu ravoir sa porte, il a dû l'installer lui-même. C'est drôle, mais on ne l'a plus jamais entendu claquer sa porte ! »

« La technique de la justice réparatrice, comme son nom l'indique, vise à réparer le mal qui a été fait. Avec cette méthode, le jeune est en présence de la personne lésée et de ses émotions. Il doit trouver lui-même une solution qui convient à la victime. »

JEAN-PHILIPPE PINEAULT
Journal de Montréal, 15 décembre 2007

Tout comme dans le film *Les Choristes,* le bon prof a utilisé cette méthode avec le jeune qui avait blessé le concierge. Pendant sa convalescence, l'enfant a dû être son infirmier attitré. Cette façon d'agir est beaucoup plus qu'une simple suspension. Cela demande une ouverture d'esprit qui n'est pas donnée à tout le monde et cette méthode est tout aussi efficace à la maison !

Ne jamais agir sur le coup de l'impulsion : prendre du recul

Le temps, c'est de l'or !!! On doit toujours prendre le temps et attendre le moment opportun avant de réagir. Dans le feu de l'action, personne n'est en mesure de bien analyser la situation, pas plus les parents que l'enfant. Par conséquent, il est préférable d'attendre avant de répondre ou de réagir, et ce, pour nous permettre de retrouver notre cohérence et notre contenance, car sur le coup nous n'avons plus de perspective et les émotions prennent le dessus. Conclusion ! Tout explose et ce n'est pas toujours évident de ramasser les morceaux par la suite.

Chaque décision doit être prise seulement, et seulement si, nous avons retrouvé notre calme. Nous pouvons alors prendre le temps de réfléchir, de mieux analyser la situation et, par le fait même, de mieux comprendre ce qui s'est réellement passé. Nous réaliserons peut-être que nous sommes fatigués, ce qui est tout à fait normal, et que c'est cette fatigue qui a envenimé la situation. Au bord de la crise, quelqu'un doit demander un « temps d'arrêt » afin que tout le monde puisse se calmer. Il est bien connu que dans des circonstances similaires, une simple étincelle suffit à faire exploser la situation !

Savoir attendre le moment propice...

Quand le calme est revenu après la tempête, le moment se prête beaucoup mieux à la communication. Il devient plus facile de mettre en perspective ce qui s'est passé pour le régler. Faire une mise en situation aide aussi à comprendre l'état dans lequel chaque personne se trouvait au moment où tout s'est produit. Ça nous arrive tous d'être préoccupés. Nous ne sommes pas toujours en état de bien communiquer...

Pour éviter les « montées de pression », aussi bien à la maison qu'à l'école, j'ai instauré un système fort intéressant qui a su démontrer son utilité et aider les professeurs qui se retrouvent devant 30 petits êtres humains qui vivent parfois de grosses préoccupations. Appelons-le : le jeu des feux de circulation des émotions !

Lorsque je donnais des conférences aux jeunes enseignants, je leur disais : « Quand tu as tous les jours 30 petits humains en devenir avec qui tu as à vivre ; 30 petits êtres qui auront peut-être vécu des situations difficiles à la maison, tu ne sauras pas toujours dans quel état se trouve leur petit cœur le matin, à leur arrivée à l'école. » Pour le vérifier, je leur proposais le jeu des feux de circulation des émotions. Soit dit en passant, ça fonctionne aussi très bien à la maison !

Chaque enfant découpe des ronds à même des cartons de couleurs qui représentent en fait chacun des feux de circulation : un rond vert, un rond jaune et un rond rouge. Le matin, lorsque l'enfant arrive en classe, il place sur le devant de son pupitre le feu qui indique comment son petit cœur se sent. Et le prof fait la même chose !

« Je me sens en forme, mon cœur rit : feu vert. »

« Je suis en colère, je suis tombé, mon ami m'a crié des noms : feu jaune. »

« Je suis triste, mes parents se sont séparés, mon chat s'est sauvé : feu rouge. »

Quand l'enfant choisit un feu rouge, le prof sait tout de suite qu'il n'est pas disposé à de longs échanges ou encore à réciter un poème devant la classe. Il comprendra. Et à l'inverse, l'enfant qui verra apparaître un feu rouge sur le bureau du prof saura qu'il devra être plus calme, le temps que le feu passe au vert. Pendant la journée, il se peut fort bien que le feu rouge passe au jaune et au vert... Bravo, c'est signe que tout va mieux !

Lorsque l'enfant revient de l'école à la maison, il peut utiliser le même système de signalisation pour vous dire comment sa journée s'est passée. S'il place un feu rouge sur la porte de sa chambre à coucher ou sur le frigo, laissez-le en paix et attendez qu'il passe au jaune pour lui demander ce qu'il a vécu. Respectez-le et donnez-lui le temps qu'il faut. Ce n'est peut-être pas le temps de lui offrir une collation, car son estomac est peut-être à l'image de ses émotions...

Ça s'applique aussi pour les parents ! Quand, en arrivant de travailler, papa aura mis son feu rouge sur le frigo, les enfants comprendront vite que ce ne sont pas eux qui sont la cause de la tension qui règne dans la maison. C'est tout simplement que papa a eu une journée difficile. Ils seront plus en mesure de lui laisser le temps de décompresser avant de lui « sauter dessus ». Même chose pour maman qui, en sortant du bureau, constate qu'elle doit faire l'épicerie, qu'elle a une crevaison en s'y rendant, et qui, dès son entrée dans la maison prend bien soin d'afficher rapidement son feu rouge. C'est plus facile pour tout le monde de gérer une situation quand on sait pourquoi les gens autour de nous ne sont pas disposés à communiquer...

La puissance de l'expérience

Il n'y a rien de plus puissant que l'expérience ! On passe parfois des heures à essayer de faire comprendre à nos enfants ce qui nous dérange dans leurs agissements. Mais dites-vous que si vous attendez le bon moment et que vous les mettez dans la même situation, là ils comprendront.

Lui passer le goût de...

Mon fils était à l'âge où TOUT ce que je mettais sur la table n'était pas à son goût. Il finissait souvent par avaler un sandwich au fromage grillé, communément appelé un « grill cheese » ou un autre aliment du genre, mais jamais le plat que je préparais pour les cinq personnes assises autour de la table. Un jour, je me suis dit que ça devait cesser. Alors, un samedi, je demande à mon fils s'il a envie de s'amuser à jouer au chef cuisinier pour préparer le repas. Ravi de ma demande, il fit une salade et des sandwichs pour tout le monde. Après avoir bien travaillé, il était heureux de nous présenter son chef-d'œuvre.

On passe donc à table et une fois mon assiette déposée devant moi, je la repousse en disant que j'aimerais beaucoup mieux avoir un « grill cheese ». Il me regarde, le cœur gros, mais il ne dit pas un mot. Mon mari, que je n'avais pas averti, objecte aussitôt : « Ben voyons, il a préparé le dîner ! » Je me suis levée en regardant mon fils droit dans les yeux et je lui ai dit : « Tu me comprends, toi, tu sais que ce n'est pas grave, puisque tous les jours tu me fais la même chose. »

J'ai regardé mon mari et je lui ai dit : « Lui, il me comprend. »

Non seulement il m'avait comprise, mais il avait tout compris. Il n'a plus jamais agi de la sorte. Il s'est même mis à faire la leçon à son frère et à sa sœur lorsqu'ils critiquaient mes repas. Voici un autre exemple qui montre bien l'efficacité de cette technique du miroir...

Un petit moment juste pour moi

« Malgré tout ce que j'avais à faire dans une journée, j'aimais bien prendre une petite demi-heure pour lire un peu. Cependant, chaque fois que je m'assoyais avec mon livre, mon fils me demandait de l'attention : « Viens jouer, prends-moi dans tes bras, lis-moi une histoire... » Ou encore il tournait autour de moi, à m'en donner le vertige. Quand j'étais à travailler dans la cuisine ou ailleurs, ça allait. Mais si j'avais le malheur de prendre mon livre pour m'asseoir, j'étais la cible de ses demandes incessantes. J'avais beau lui expliquer que je voulais un petit moment juste pour moi, il n'y entendait rien.

J'ai donc attendu le moment propice pour lui faire mieux saisir mon point de vue... Alors qu'il était en train de jouer avec un ami dans le sous-sol, je suis allée le voir, je lui ai demandé de me donner des bisous et de venir jouer avec moi... Et ce, devant son ami, en plus... Il est devenu nerveux et il m'a dit :

« Maman je suis avec un ami, tu me déranges... »

Je lui réponds :

« Ah ! je comprends ! Tu es avec un ami, donc tu veux que je te laisse un petit moment avec lui pour jouer et tu m'aimes autant ?

– Oui, maman !

– D'accord, je comprends. Tu vois, c'est comme quand je m'assois avec mon livre pour lire et que tu viens me déranger. À ce moment-là, mon livre, c'est mon ami, et j'ai le droit de passer du temps avec lui, moi aussi ? »

Les enfants comprennent très vite quand nous leur expliquons en leur démontrant leur propre façon de faire... Par la suite, quand j'étais assise confortablement avec mon livre, mon fiston passait doucement en me lançant haut et fort : « Tu es avec ton ami ? » Je lui répondais aussitôt : « Oui, mon chéri ! », et il me laissait mon moment de répit.

Faire les bons choix de punitions, des choix conscients et conséquents

Pour qu'elle lui soit profitable, la punition doit non seulement amener l'enfant à réfléchir et l'aider à se positionner par rapport à sa famille, mais également à comprendre qu'il y a des choses qui se font et d'autres pas. Ainsi, chaque punition est une occasion pour lui d'établir les bases de son propre code de fonctionnement, code qui le suivra pour le reste de sa vie.

Cependant, selon son âge, l'enfant n'est pas toujours conscient de ce qu'il vient de faire. Nos punitions doivent donc être conséquentes aussi bien par rapport à son geste qu'à son âge. On doit toujours s'assurer qu'il comprend le pourquoi de cette punition et qu'il saisit aussi que **c'est la conséquence directe** de ce qu'il vient de faire. Par exemple, s'il s'est brûlé, vous concevrez avec moi qu'il a déjà eu sa punition et qu'il a surtout besoin de soins et d'explications. Si par contre il s'agit de gestes violents tels que frapper, briser ou crier, on doit montrer à l'enfant pourquoi il ne faut pas faire ça et ensuite lui permettre de réfléchir. Ce moment de réflexion doit se faire seul, en silence, car il est fondamental. La punition doit toujours être en fonction de la gravité du geste commis.

Il est arrivé parfois que je donne des punitions motivées beaucoup plus par mon inquiétude que par le geste de mon enfant. J'étais tellement inquiète que je réagissais en donnant une punition disproportionnée par rapport à la situation elle-même. Dans ces moments-là, il ne faut pas hésiter à parler avec notre enfant en utilisant le « je » et en lui disant : « J'ai été inquiète, j'ai eu peur ou encore j'ai eu de la peine... », au lieu de lui dire : « Tu m'as fait de la peine, tu m'as inquiétée... » Ainsi, l'enfant comprendra beaucoup plus facilement pourquoi il reçoit une telle punition pour un geste qu'il considérait pourtant comme banal.

En ce qui a trait au choix des punitions, on doit aussi voir plus loin que le bout de son nez... La punition doit comporter un élément qui dérange, qui contrarie l'enfant pour qu'il corrige ses mauvaises habitudes. Le pédiatre Roland Albert, aujourd'hui décédé, était passé maître dans l'art d'aider les parents en leur donnant des trucs à la fois percutants et inoffensifs pour les jeunes enfants. Parmi eux, j'ai retenu celui-ci.

Le Dr Albert disait : « Quand tu punis ton enfant de cinq ou six ans, souvent la punition vient bien longtemps après la première mise en garde que tu lui as faite. Tu as dû répéter et répéter encore, jusqu'à ce que tu exploses et que tu sévisses une fois pour toutes. L'enfant n'est pas fou, il est même plutôt futé. Il a très bien compris la première consigne, mais il n'a tout simplement pas envie de la suivre et il sait d'ailleurs que tu vas la répéter autant de fois qu'il le faudra. Il sait aussi exactement quand tu vas craquer, alors il attend. Quand enfin tu craques, il se dit : *"Nous sommes deux maintenant à être contrariés."* C'est un peu comme s'il avait gagné la partie. De plus, si tu l'envoies dans sa chambre, ce n'est pas vraiment une punition, car il pourra s'amuser avec ses jouets.

« Il y a deux choses à retenir. Tu dois donner ton premier avertissement d'une voix calme et posée en lui disant que s'il n'écoute pas, il va aller s'asseoir cinq minutes dans la salle de bains. Pourquoi ne pas y installer un "banc de réflexion" réservé à cette fin ? Y a-t-il un endroit plus monotone que la salle de bains pour un enfant..., cependant il vous faut enlever tout ce qui peut le divertir et tout ce qui peut être dangereux. Donc, s'il n'écoute pas cette première consigne, tu lui dis simplement et calmement : *"Va t'asseoir cinq minutes dans la salle de bains."* Et c'est tout ! S'il rechigne, tu l'avises de nouveau : *"D'accord ! sept minutes !"* S'il rechigne encore, tu augmentes de deux minutes chaque fois. Et surtout, **sans monter le ton.** »

C'est tout bonnement magique !

Ne jamais abaisser ou contredire l'autre parent devant les enfants

Dans notre vie quotidienne de parents, surviennent des hauts et des bas que nous nous devons de vivre ensemble tous les jours. Nous devons apprendre à nous respecter et à collaborer à l'éducation de nos enfants, tout autant avec nos forces que nos faiblesses. L'important avant toute chose, c'est que les deux parents fassent front commun devant leurs enfants. C'est vital ! On doit absolument :

- respecter l'autre dans son intervention.
- attendre le bon moment pour en discuter ensemble à l'écart.
- laisser agir seul celui qui doit sévir.
- remettre les pendules à l'heure de façon respectueuse.
- et pour le parent « fautif », être capable de s'excuser sans s'abaisser aux yeux des enfants.

Pour un enfant, c'est une belle leçon de vie que de voir son parent s'excuser d'un geste qu'il a commis tout en expliquant sa position. Il est toujours reconnaissant quand un adulte est assez mûr pour admettre ses erreurs.

« Accepte mes excuses »

Mon mari et moi avons toujours respecté ce que l'autre disait quand nous parlions aux enfants. Et si nous n'étions pas d'accord avec l'intervention, nous attendions le soir venu pour en parler ensemble, quand les enfants n'étaient pas là. Nous prenions le temps de demander à l'autre son avis ou encore de lui dire si nous désapprouvions sa façon de faire par rapport aux enfants.

Un jour, j'ai trouvé que le papa avait été trop sévère et que, avec du recul, le plus jeune de nos fils avait été puni injustement. En fait, c'est sa sœur qui aurait dû recevoir cette punition. Cela dit, le soir venu, nous en avons discuté ensemble, mon mari et moi, et je lui ai expliqué ce qui s'était réellement passé. Le lendemain, je me suis retirée et j'ai laissé le papa parler avec son fils : « J'ai réfléchi et je suis au courant de ce qui s'est réellement passé, je m'excuse d'avoir été aussi sévère. »

Et Marco de répliquer : « Tu sais, papa, je l'avais peut-être un peu poussée à bout, ma sœur ! »

Devant vos enfants, vous perdez toute votre crédibilité quand vous vous mettez à vous contredire. À preuve la mère qui dit : « Ton père est injuste... » pour ensuite couver son enfant. Vous devez ne faire qu'un relativement à l'éducation de vos enfants. Vous devez vous consulter et surtout montrer à l'enfant que vous vous tenez dans les bons, comme dans les moins bons moments.

Et comme dans mon exemple du metteur en scène : sur la scène de la vie de votre enfant, il n'y a pas de petits rôles, mais que de grands rôles. Quand le rôle du prof entre en jeu et que vous dites à votre enfant que ce prof est un incompétent, votre enfant pensera comme vous. Prenez le temps de faire équipe avec les gens qui interviennent auprès de votre enfant. Bien entendu, vous aurez toujours le premier rôle, mais sachez que sans la réplique de l'autre, vous ne pourrez pas continuer.

Dans la vie, s'il y a place à l'improvisation, il y a quand même des thèmes et des règles strictes à suivre. Il faut leur inculquer le respect, trop d'enfants sont irrespectueux. Je ne le dirai jamais assez, c'est à la maison que ces notions de savoir-vivre doivent s'enseigner.

Pour les parents séparés, cette règle s'applique tout autant, sinon plus !

La guerre que vivent les parents ne devrait jamais être celle des enfants. Ils ne doivent surtout pas devenir les otages de leurs conflits. Je sais que cela demande beaucoup de maturité, car si les scénarios changent sur la scène des parents, les rôles doivent demeurer intacts sur la scène de l'enfant. Il ne faut donc jamais abaisser l'autre aux yeux des enfants. Les parents doivent assumer les conséquences de leur choix et être encore plus cohérents dans leur discipline, dans leurs gestes et leurs paroles.

Quand la colère, la jalousie ou encore la haine occupent une place trop importante de la part des parents par rapport à l'éducation de leurs enfants, la destruction se fait par l'intérieur, tout comme la fourmi charpentière qui ronge la poutre de l'intérieur. En apparence, la poutre a l'air intacte, tout semble normal, mais au moindre choc, cette poutre s'effondrera. L'enfant qui est pris en otage entre ses parents se voit aux prises avec des questions qu'il ne devrait jamais avoir à se poser :

« Ai-je le droit d'aimer papa, même si maman le déteste ? »

« Comme je ne veux pas te faire de peine, je ne te dis pas que je suis heureuse d'aller voir papa... »

« Je ne te confie pas que j'ai eu du plaisir en fin de semaine avec maman, car tu seras fâché. »

« Parfois, je suis obligé de ne pas te dire ce qui se passe chez papa, car je vais être puni. Moi, en tant qu'enfant, je ne comprends pas vraiment ce que je dois faire et je ne veux plus vivre ça ! »

Des jeunes de tout âge, issus de familles séparées, m'ont confié que le pire pour eux, c'est quand les parents demandent à leur enfant de choisir avec qui il veut aller vivre. De plus, même si la situation lui est bien présentée, que l'enfant peut décider librement, il ne peut toutefois faire autrement que de se sentir coupable vis-à-vis l'autre parent. Plusieurs jeunes et de nombreux adultes aussi auraient envie de secouer ces parents qui ne pensent qu'à leur nombril en agissant comme des gosses de cinq ans.

Les enfants n'ont pas à être coincés et obligés de vivre entre les tiraillements et les élucubrations de leurs parents. Même s'ils ne verbalisent pas leurs états d'âme, ils n'en sont pas moins déchirés de l'intérieur. À ce propos, rappelez-vous l'analogie précédente concernant les ravages que peuvent causer les fourmis charpentières. Si vous ne modifiez pas votre comportement, ne soyez pas surpris un jour si la poutre s'effondre.

Chose certaine, en grandissant, les enfants n'oublient pas. Le parent qui s'évertue à détruire l'autre parent aux yeux de son enfant aura peut-être la désagréable surprise de récolter ce qu'il aura semé, c'est-à-dire la discorde. L'enfant n'est pas dupe. Il comprend très bien qui détruit qui. Et lorsqu'il est en âge de remettre ses propres pendules à l'heure, ce jour-là il est trop tard. Résultat : certains parents se réveillent… et ils n'ont plus personne à qui faire la discipline, la chambre est vide, sans âme qui vive.

« Le seul, le vrai, l'unique voyage,
c'est de changer de regard. »

– Marcel Proust

Lorsque des parents choisissent de se séparer, cela exige beaucoup de maturité de part et d'autre. Il faut accepter de prendre les décisions appropriées et vivre avec les conséquences de ses actes. Et quoi qu'on en dise, même si les enfants sont au cœur de cette rupture et qu'ils en sont blessés, ce ne sont pas eux qui décident. Que vous soyez des parents biologiques, adoptifs, divorcés, à mon sens, un fait demeure : les parents sont ceux qui ont la responsabilité d'élever, de faire grandir, de l'aider à s'épanouir et de garder leur enfant vivant… dans son corps, dans son âme et dans son cœur.

Faites donc tout ce qui est nécessaire pour lui permettre de faire le plus beau du voyage en votre compagnie. Par conséquent, veillez à ce qu'on retrouve dans vos valises, à portée de cœur et à profusion :

amour, communication, confiance, connaissance, discipline, émotions, encadrement, liberté, politesse, respect, savoir-vivre, sécurité et sensibilité.

Bon voyage !

Chapitre 4

LES MOTS DU SILENCE

Nos enfants ont des choses à nous dire.
Serions-nous devenus sourds ?

Imagine le scénario suivant...

Une « maudite » journée...

Je suis à peine réveillé, mais déjà je me dis qu'il y a de ces journées où je préférerais rester couché. Pourquoi pensez-vous ? Simplement pour pouvoir savourer pleinement un réveil tout en douceur. Il y a de ces journées où, comme une libellule, j'aimerais tant pouvoir prendre le temps de déployer mes ailes, de décoller lentement, de m'envoler et planer librement ; ou encore de rester là à regarder paisiblement autour de moi afin de pouvoir apprécier la douceur de mon lit douillet, la sécurité de ma chambre.

Je souris, car je sais que je vais bientôt voir tourner la poignée de la porte. Je sais que je vais entendre une voix rassurante me demander: *«Tu as fait un beau dodo, mon amour?»* Et à ce moment précis, je vais me faire prendre dans des bras tout chauds et me faire bercer. Lentement, ma journée va commencer. En attendant que mon scénario se mette en branle, j'espère et j'attends, rempli de fébrilité, que bouge enfin la poignée de porte...

Oh que non!

Mais voilà, ce matin, tout ce que j'entends, c'est: *«Merde, on est en retard!»* Je suis changé et habillé à une vitesse si vertigineuse que, sur le coup, je n'ai même pas eu le temps de réaliser ce qui se passait. J'entends de nouveau la même rengaine: *«Merde, on est en retard! Merde, on est en retard!»*, comme un enregistrement sans fin. On m'a sorti tellement vite de mon lit qu'en moins de temps qu'il n'en faut pour crier «lapin», j'étais déjà installé dans la voiture, emmitouflé jusqu'au front.

Dieu qu'il fait froid aujourd'hui... Ben voyons, ils ont oublié mes gants! C'est pour ça que mes mains gèlent. Pas étonnant, tout le monde était «sur le gros nerf» ce matin. Ah non! pas ça. Dites-moi que je me trompe, pas encore une bouchée de muffin... J'haïs ça, ça colle, c'est pâteux. Le matin, je n'arrive pas à avaler ça. Je le sais, je vais m'étouffer...

Et puis hop! je me retrouve avec plein de monde. Me voilà avec mes petits amis. Bon, ça commence bien, je ne suis même pas encore déshabillé que, déjà, je reçois un camion sur la tête. Ça promet!... Ah non! tout, mais pas ça! Moi, je me pousse. Je n'aime pas ça quand c'est elle qui me prend dans ses bras, je n'aime pas son odeur. J'aimerais mieux attendre Martine. Quand elle va arriver, je vais me blottir dans ses bras. J'ai hâte qu'elle soit là. Je sais que je ne serai pas le seul à vouloir me faire prendre par elle, mais croyez-moi, j'ai plus d'un tour dans mon sac. Arrive, Martine !

Ah ! elle m'énerve ! On dirait qu'il faut toujours qu'elle renverse quelque chose. Et il faut toujours que ce soit sur moi, évidemment. Maman a oublié mon chandail de rechange... Non, ce n'est pas vrai, car c'est papa qui était avec moi ce matin. Ça m'a tout l'air que je vais être sale pour le reste de la journée... Une « maudite » journée !

Et ce n'est pas tout...

Je n'ai pas réussi à faire de sieste. Il y a deux enfants qui ont des otites. Ils ont pleuré toute la journée. Je suis fatigué ! Pis comme si ce n'était pas assez, il faut aller dehors. J'aime aller à l'extérieur, mais je n'aime pas ça marcher quand on est tous attachés, on se pile sur les talons, pis ça prend dix minutes avant qu'elle se rende compte que le mien est sorti de ma botte. J'ai beau chigner pour lui faire comprendre, mais elle crie : *« Ça ne sera pas long, on arrive ! »* Une « maudite » journée !

Ah oui, j'oubliais. J'ai voulu aller aux toilettes. Ben même là, il a fallu que je me dépêche. *« Fais ça vite, on n'a pas juste ça à faire ! »* Une « maudite » journée !... Vous ne pouvez pas savoir comme j'ai hâte d'arriver à la maison... un bon bain, mon pyjama, ma suce, ma doudou, mon ourson Charlie... pis ma cassette de *Passe-Partout*. C'est le bonheur garanti !

Papa est arrivé en retard à la garderie et, sans cesser de parler au téléphone, il m'a donné un bisou qui pique. Pendant tout le voyage de retour à la maison, il ne m'a pas dit un seul mot. Je me suis dit que rendu chez nous, je retrouverais le calme... Eh bien non, c'était la tempête, et je n'ai vu personne. Maman a nourri son monde. Mon frère, planté comme un piquet à côté de la porte, attendait papa avec son énorme sac et ils sont partis tous les deux à son entraînement de hockey.

Maman a aidé ma sœur à faire ses devoirs et tout ce temps-là, moi, je faisais la navette d'une paire de bras à l'autre. Tout à coup, j'ai vu arriver qui ? La gardienne. Oh non ! Pas celle qui va parler avec son chum toute la soirée... Je veux ma doudou, ma suce, mon papa et ma maman pour enfin me sentir plus tranquille. J'ai eu une grosse journée et je suis trop petit pour vivre votre stress et le mien !

Bonne nuit et à demain...

Fin du scénario !

Croyez-vous que sa journée a moins d'importance que la vôtre ?

J'aimerais bien mieux vous dire que ce que je viens de décrire est un scénario de film, mais non, ce n'est pas le cas. C'est trop souvent la triste réalité qui se vit au cœur du quotidien des familles d'aujourd'hui. Les jeunes enfants sont bousculés par le rythme de vie de leurs parents qui, eux, ont peine à rester en place tellement ils ne savent plus où donner de la tête. Trop, c'est trop :

trop de responsabilités, trop de travail, trop de choses à faire en même temps et pas assez de temps pour tout faire correctement.

Il faut comprendre que le stress vécu par votre enfant de deux ans est comparable au vôtre et qu'il est tout aussi néfaste. J'ai vu des enfants être en congé de la garderie sous ordonnance du médecin parce que l'enfant était épuisé. Ça donne à réfléchir... Faut-il attendre que son corps devienne le porte-parole de toute cette pression qui n'en finit plus ? Le stress nous aurait-il rendus sourds et même aveugles ? Cette situation est-elle sans issue ? Non, bien entendu. Nous sommes tous maîtres de nos vies et juste un peu plus d'organisation peut venir à bout des situations les plus désespérées.

Pourquoi ne pas prendre le temps de doter la maisonnée d'un mode de fonctionnement satisfaisant pour tous afin que la journée puisse se terminer en douceur, et pour que la soirée, si courte soit-elle, puisse être vécue agréablement ? Une soirée est si vite passée... Si vos enfants suivent des cours du soir, vous pouvez faire en sorte qu'ils ne soient pas occupés à l'extérieur tous les soirs de la semaine.

Choisissez une journée et faites-en une journée sacrée : le jeudi, par exemple... Ainsi, tous les jeudis, tout le monde doit être à la maison : pas de cours, pas de réunions, chacun participe à la préparation du repas. Une vraie vie de famille, quoi ! Il faut provoquer des moments où personne n'a d'autres activités à son horaire que de vivre ensemble pleinement ce moment de répit familial.

Une fin de semaine originale

Faire preuve de créativité, se permettre d'être inventifs et oser faire des choses inusitées peut donner naissance à des moments tout à fait exceptionnels qui rapprochent les membres d'une famille. Pour l'avoir vécu moi-même avec mes enfants, l'exercice que je vous propose de faire consiste à reprendre une situation mémorable vécue par votre famille ou encore de bâtir de toutes pièces une histoire inventée de A à Z. Consigne pour le week-end: être en mode « plaisir ».

– **Vendredi** : Création et élaboration du scénario, planification de l'éclairage, des décors, choix des costumes, des maquillages, repérage des lieux de tournage, etc.

– **Samedi** : Tout le monde au boulot, choix de qui fait quoi ? Caméraman, comédiens, réalisateurs, chacun doit avoir une tâche à accomplir, un rôle à jouer. Tournage du court métrage.

– **Dimanche** : Soirée *popcorn*, invitations à la famille et aux amis. Visionnement du film.

Non seulement vous amuserez-vous, mais de film en film, vous verrez les enfants vieillir, se métamorphoser ; vous découvrirez des talents que personne ne leur soupçonnait, vous les verrez prendre de l'expérience et vous bâtirez en famille une banque de souvenirs mémorables qui se transmettront de génération en génération !

Quel est votre état d'âme ?

Et vous, comment votre journée de travail s'est-elle passée ? Si vous preniez le temps de la décrire, il y a de fortes chances qu'elle ressemblerait étrangement à celle de votre enfant. Au bureau, vous avez passé votre temps à courir, à faire des miracles pour que tout soit fait à temps, et surtout en gardant le sourire, même si vous aviez en tête tout ce qui reste à régler : l'argent qui manque, les factures qui s'accumulent, les effets scolaires à acheter, l'auto qui fait des siennes... Vous vous dites peut-être vous aussi : « *J'aimerais tant rentrer à la maison, recevoir un câlin, me faire couler un bon bain, prendre ma doudou et ma cassette de* Passe-Partout... » C'est une blague !

Il est certain que, dans ce tourbillon, vous n'êtes pas nécessairement en mode « écoute » pour vos enfants, peu importe leur âge. En fait, vous n'avez même pas le temps de vous écouter vous-même. C'est souvent à ce moment-là que les problèmes surviennent et prennent tout le monde par surprise. Personne n'a rien vu venir, chacun étant réfugié dans sa « bulle », trop occupé à faire de son mieux pour s'adapter sans craquer, souvent en silence, parce que personne n'a le temps d'écouter qui que ce soit.

Pour éviter un drame dans votre famille, l'aptitude à développer est à votre portée : il s'agit de savoir écouter ; être d'abord à l'écoute de soi maintenant pour être ensuite capable d'être à l'écoute des autres. Il faut être présent aux autres de corps et d'esprit, prêter attention à leurs comportements, à ce qu'ils disent, afin de voir venir les coups, ce qui se trame, et de pouvoir ainsi éviter le pire.

En effet, une bonne dose d'écoute et un peu de recul peuvent permettre à chacun des membres de la famille de cerner les malaises qui existent et de trouver les moyens pour les régler. Tout le monde doit pouvoir s'exprimer, et ce, sans qu'on sous-estime l'un ou l'autre en raison de son âge. Quand on laisse la pression s'accumuler, tout finit par exploser et apparaissent alors des problèmes qui ne sont pourtant même pas ceux qui étaient à la source de cette explosion. S'écouter, voilà la clé.

Fini le mythe du super héros, prenez une pause !

Combien de parents sont épuisés et, sans dire un mot, cherchent sans cesse à prouver qu'ils sont de super héros ? Ils se lancent dans toutes sortes d'activités, font mille et une choses à la fois pour se donner bonne conscience et, le soir venu, leurs enfants, qui n'ont aucunement tenu compte de tous ces efforts à leur juste mesure, en redemandent encore... Et ce qui est d'autant plus fascinant, c'est que les personnes les plus épuisées sont souvent celles qui en rajoutent par des cours du soir, des leçons de piano, etc. C'est un cercle sans fin.

Dans le fond, soyons honnêtes, vous êtes épuisés, mais à quel prix ? Pour démontrer quoi ? Rien qui vaut vraiment la peine d'investir toute votre énergie... Surtout si tout ce qui vous reste en tête par la suite, ce sont ces paroles quelque peu amères : « J'ai fait tout ce que je pouvais et personne n'est content. J'aurais donc dû prendre ce temps-là pour moi ! » **Eh oui, vous auriez dû !**

Le rôle de parent est un rôle qui exige que celui qui le joue soit en pleine possession de ses moyens, présent de corps et d'esprit, 24 heures sur 24... Voilà tout un défi ! Alors, pour réussir à le relever avec brio, nous devons mettre toutes les chances de notre côté. C'est pourquoi la première chose à faire, c'est de prendre du temps pour soi. Même si ces pauses sont de courte durée, elles n'en sont pas moins essentielles : faire une marche seule, se retrouver dans la quiétude d'un lieu paisible, aller à la bibliothèque et lire un livre qui nous passionne, et ce, ailleurs qu'à la maison, là où personne ne sait où vous êtes.

En revenant à la maison, pourquoi ne pas planifier une petite demi-heure juste pour vous avant de reprendre la suite de votre journée, vous serez plus calme et vous pourrez ainsi « entendre » le silence des enfants qui vous parlent, même quand ils ne prononcent pas un seul mot... ? Quand le stress vous envahit et que votre cerveau est en mode « défense », vous n'avez plus l'objectivité nécessaire pour peser le pour et le contre et rester maître de vos émotions ; ce qui fait que le problème de l'autre devient rapidement le vôtre.

En vous autorisant à jouir de ce petit moment de répit, vous érigerez ainsi une barrière de protection qui vous permettra d'avoir le recul indispensable pour être à l'écoute des problèmes de chacun, sans pour autant les prendre sur vos épaules. Ce ne seront pas vos émotions qui seront sollicitées, mais votre intelligence. Vous serez d'ailleurs frais et dispos, et à même de mieux saisir la situation. En prenant assez de recul pour vous détacher l'esprit de la situation actuelle pour en juger plus objectivement, votre écoute sera alors toute différente et bien plus efficace.

Faire le grand ménage

Il arrive fréquemment dans la vie qu'on soit là tout en n'étant pas vraiment là en même temps. Dans ces occasions, nous pourrions être considérés plus comme des « machines à tout faire » que comme des êtres humains. Ça suffit comme ça ! En voilà assez ! On doit mettre un terme à cette ère absurde où plus personne ne vit tout à fait, où plus personne ne profite totalement d'un moment privilégié. On les saisit au vol, on les hume, mais jamais on ne les vit pleinement. On doit prendre le temps de faire le grand ménage de nos vies pour en arriver à faire la liste de ce qui est vraiment important.

- Qui gère votre façon de vivre ?
- Quels sont les choix, les goûts de chacun ?
- Quels sont les vrais besoins de chacun ?

Demandez à tous les membres de la famille ce qu'ils peuvent faire pour améliorer la qualité de votre vie familiale. Tout le monde doit y mettre du sien et participer ; ce n'est pas toujours à la même personne de tout porter sur ses épaules. Vous pourriez, par exemple, durant le week-end, faire le bilan de tout ce qui s'est passé pendant la semaine : qui a fait quoi... ? Il advient trop souvent que ce soit toujours les mêmes personnes qui s'occupent de tout.

Ainsi, en faisant un bilan familial, il est possible de corriger cette situation. Les enfants tiennent parfois pour acquis tout ce que les parents accomplissent dans une semaine, en plus de leurs charges de travail. Il faut rétablir l'équilibre. Les enfants peuvent très bien prêter main-forte et s'acquitter de certaines tâches familiales. Ce faisant, ils allègent ainsi le fardeau des parents qui peuvent ainsi devenir plus accessibles, plus à l'écoute.

Il est possible également de fabriquer un grand tableau d'affichage sur lequel sont inscrits le nom de chacun des membres de la famille et leurs besognes respectives à réaliser. Mettez-le bien en vue afin que les enfants, tout comme les parents, visualisent mieux le travail à faire et qui doit le faire.

Qui fait quoi?

- Parents : travail, entretien, ménage, lavage, épicerie, réparation, entretien extérieur, repas, etc.
- Enfants : école, devoirs, leçons, ranger les vélos, vider la poubelle, faire le ménage de la chambre. Plus vous les responsabilisez, plus ils seront responsables.

Il est aussi possible de trouver une façon pour faciliter le rangement : des grandes boîtes identifiées, des sacs suspendus... Faites en sorte que le rangement devienne un jeu. Ces petits bonheurs vont maintenir l'équilibre et permettre des pauses farfelues. Il faut aussi savoir bien s'entourer pour jouir de pauses bien méritées. Et les mamans, arrêtez de vous plaindre et cessez de faire le travail de tout le monde. Ça ne sera pas fait comme vous le voulez, mais l'important c'est que cela soit fait.

Le langage non verbal

Quand l'enfant a des choses à dire, mais qu'il n'a pas encore l'usage de la parole, les mots ne sont donc pas au rendez-vous, que faire alors? Vous me direz peut-être: *«Je veux bien être à l'écoute de mon enfant, mais il ne parle pas encore...»* À ce moment-là, on doit chercher à deviner ce qu'il veut nous dire. En cela, le langage non verbal peut nous être d'une grande utilité. En effet, rares sont les enfants qui pleurent juste pour pleurer, surtout en bas âge. Sans conteste, leurs pleurs ont toujours quelque chose à nous dire.

Chez les tout-petits, quand les mots ne sont pas au rendez-vous, ce sont leurs gestes qui parlent. Il faut être à l'affût pour percevoir le moindre changement dans leur attitude, pour voir couler leurs larmes, observer leurs gestes et leur exprimer verbalement que l'on se rend bien compte qu'il y a quelque chose qui cloche et qu'on veut les aider. Chaque enfant a sa façon bien à lui de communiquer son message, qu'il soit verbal ou non. Donnez-lui la chance de retrouver son calme afin de lui permettre de se sentir en confiance. Il en est de même pour l'enfant en âge de s'exprimer par des mots.

C'est pourquoi je suggère, après une journée bien remplie, que l'enfant prenne son bain avant le souper. En s'apaisant dans l'eau chaude, il se calmera, il mangera mieux, plus lentement, il sera plus détendu pour faire ses devoirs, et si jamais il a vécu quelque chose qui l'a perturbé durant la journée, il sera plus enclin à le partager et vous serez plus en mesure de l'aider. Qui a dit que le bain se prenait juste avant le dodo seulement?

« Entre le parc et la baignoire, je choisis... »

L'autre jour, mon fils Dominic est arrivé chez moi en fin de journée avec ma petite-fille de 21 mois. Comme il faisait beau, j'ai eu l'idée de l'emmener jouer dehors. Sitôt arrivées au parc, elle me regarde et j'ai l'impression qu'elle veut me dire quelque chose, du genre : « *Qu'est-ce que je fais ici ?...* » Dès que je l'ai déposée par terre, elle s'est mise à pleurer. Je l'ai aussitôt reprise, je l'ai regardée droit dans les yeux et je lui ai demandé : « Pourquoi pleures-tu ? Regarde mamie et dis-moi ce qu'il y a. Tu ne veux pas jouer au parc ? »

Je la tenais dans mes bras avec douceur pour lui montrer que j'étais à son écoute. Elle s'est arrêtée de pleurer et m'a dit : « Mo ». Mo, c'est Monique, sa gardienne. Elle était sans doute allée au parc une bonne partie de la journée, c'est pourquoi cette sortie au parc, elle en avait soupé... « Ah ! je comprends, ma chouette, tu es allée tout à l'heure au parc avec Mo ? » Elle me sourit et me répond : « Oui !

– Aimerais-tu mieux rentrer à la maison, prendre un bon bain et un bon repas ? » Elle me sourit de nouveau et, dans un grand soupir, elle me dit : « Oui ! » Nous sommes donc rentrées et nous avons passé une soirée et une nuit magnifiques !

Quand on prend vraiment le temps d'écouter nos enfants, ils le ressentent et déjà on désamorce une bonne partie du problème. Ensuite, il ne reste qu'à faire le bilan de leur journée pour trouver des indices nous permettant de mieux comprendre leur état d'âme et ainsi de remédier à la situation.

Être là juste pour lui

Quand votre enfant est en âge de s'exprimer librement, il existe aussi des trucs à découvrir ou des rituels à établir dans votre vie familiale pour vous permettre d'entretenir avec lui une bonne communication. Il ne faut pas oublier que même si votre enfant peut exprimer ses états d'âme, il arrive souvent que ce fameux rythme de vie endiablé, dont nous parlions précédemment, ne lui en donne tout simplement pas la chance. Moins il s'exprime, plus il se referme, et vient un jour où sa carapace est tellement épaisse que plus personne ne peut communiquer avec lui.

Il faut donc prévoir dans votre vie des « pauses pour la communication », des moments sacrés réservés uniquement à un échange cœur à cœur. En tant que parent, vous vous devez de trouver un moment où la tranquillité du lieu vous permet de vous entendre mutuellement. Il existe plusieurs façons de créer des moments privilégiés avec votre enfant. Voici un exemple qui peut s'adapter aisément à un enfant de 5 ans et plus.

Vous devez choisir un endroit qui vous permettra d'être en tête-à-tête avec lui, autant que possible à l'abri de toute distraction. L'enfant doit sentir que vous êtes là tout à lui, juste pour lui. La première fois, ses confidences portent habituellement sur le plaisir d'être avec vous, et c'est très correct. Veillez à ne pas le bombarder tout de suite d'une avalanche de questions, car il pourrait se sentir pris au piège du jeu : *« Dites toute la vérité, rien que la vérité, dites "je le jure"... »*

Ce moment de pause ne doit surtout pas être un interrogatoire, mais plutôt un échange. Ensuite, pour donner le ton, vous pouvez commencer vous-même en lui confiant quelques petits secrets, que ce soit par rapport à votre travail, au bonheur que vous ressentez de l'avoir comme enfant, de votre reconnaissance à propos de tout ce qu'il a accompli, etc.

Vous pouvez aussi lui faire certaines confidences concernant son autre parent, par exemple : « Papa a été agréablement surpris de ta performance, ou de tes résultats, ou de ton spectacle, ou de ton attitude à la maison... Il est très fier de toi ! Je l'ai même entendu parler de toi à un ami... » Quand c'est le papa qui est en tête-à-tête avec son enfant, il se peut fort bien que les échanges soient complètement différents. Mais pour l'enfant, c'est extraordinaire de passer ainsi du temps seul avec ses parents.

Et plus on le fait, plus la confiance s'installe et plus les discussions deviennent intéressantes. En l'invitant ainsi à se confier, il sait que ce moment est privilégié et précieux. Il vous a pour lui tout seul et rien ne peut venir vous déranger, ni son frère, ni sa sœur, ni même le téléphone ! Rien ne peut donc lui retirer une parcelle de votre attention. Dans ces conditions, vous serez étonné de voir la qualité d'échange que vous aurez avec lui. Ce magnifique rituel permet à l'enfant de mettre à jour ce qu'il ressent, d'être en contact avec lui-même, à son écoute, de reconnaître et de formuler ses besoins.

Il est tout aussi important pour vous de pouvoir vous exprimer en toute honnêteté devant votre enfant, de lui dire que vous avez eu une grosse journée, que les choses ne se sont pas passées comme vous le souhaitiez, ce qui explique votre stress. Ainsi, l'enfant qui perçoit cette tension sous-jacente ne se considérera pas comme responsable de la situation : « Ouf ! ce n'est pas ma faute. » Rassuré, il saura vous laisser le temps dont vous avez besoin pour récupérer quelque peu et retrouver votre calme. Il pourra même essayer de vous aider en vous rendant service.

Comprendre le pourquoi du pourquoi

Comme mère de famille, ces moments privilégiés m'ont permis de faire en sorte que certaines situations ne s'enveniment pas ; j'ai pu comprendre alors « le pourquoi du pourquoi », découvrir la raison de certains comportements qui, à première vue, me dépassaient. Quand on devient conscient d'une situation, quand on possède une meilleure vue d'ensemble, on peut plus facilement ajuster son tir. Aussi, quand notre enfant sent notre disponibilité totale, notre calme, et que nous sommes en mode d'écoute active, c'est à ce moment-là qu'il nous révèle des situations qui l'ont particulièrement marqué, et dont nous ne soupçonnions même pas l'existence.

Ils étaient quatre

Je me souviens d'un tête-à-tête avec mon fils Marco au cours duquel il m'avait confié à quel point il avait peur, car des enfants plus âgés l'attendaient après l'école, à la sortie des classes, pour lui arracher sa tuque, lui mettre de la neige sur la tête et jeter tous ses livres dans la neige. Tout ça parce qu'il n'avait pas de cheveux. Vous découvrirez d'ailleurs bientôt dans quelles circonstances cela lui est arrivé.

Quoi qu'il en soit, j'étais très en colère et je lui ai dit que j'allais m'occuper de cela dès le lundi suivant ; ce sur quoi il m'a répondu que si c'était moi qui intervenais, ce serait pire encore (être maman Passe-Carreau n'a pas toujours été un avantage...).

Nous avons alors convenu de tenir une réunion familiale pour trouver une solution à son problème. Ensemble, nous avons voté pour que ce soit son grand frère qui s'occupe de régler la situation. Avoir un grand frère d'un mètre quatre-vingt-dix qui se présente à la sortie de la classe... ça peut être très persuasif ! Dominic a su adopter une façon de faire que je n'aurais jamais pu utiliser en tant que maman. Le lundi venu, quand Marco est sorti de l'école, les quatre compères l'attendaient de pied ferme. C'est à ce moment-là que Dominic est entré en scène.

« Hé ! les gars, vous avez du fun ?

– Ha ! tu ne le connais pas ? C'est le "pas de poils" !

– Ben oui, les gars, je le connais, c'est mon frère ! Et j'en ai assez que vous vous moquiez de lui. Vous êtes méchant avec lui et vous lui faites du mal ! Vous ne l'avez pas cru quand il vous a dit qu'il avait un grand frère ? Eh bien, c'est moi ! Alors, ramassez vos affaires et suivez-moi chez la directrice. Je vous avertis : si jamais je suis obligé de revenir, je vais faire comme vous. Vous êtes quatre contre lui, eh bien moi je vais venir avec trois de mes chums. On sera quatre contre quatre et on verra si vous êtes aussi braves... »

Grâce à l'intervention de Dominic, ces jeunes durs à cuire ont compris que c'était pas mal moins drôle de vivre eux-mêmes la peur qu'ils faisaient subir à Marco. Ils avaient ainsi une tout autre perspective de la situation et ils ont pu mieux voir la réalité et les conséquences de leurs gestes.

Pour une situation similaire, permettez-moi de vous donner un conseil. Entendez-vous avec la directrice au préalable et laissez ensuite les jeunes régler le conflit entre eux. Je peux vous garantir que tout est rentré dans l'ordre. La directrice a d'ailleurs fait en sorte que cela ne se reproduise plus.

L'honnêteté avant tout !

J'ai profité de cette situation pour dire aux enfants que nous devions toujours être honnêtes les uns envers les autres et qu'il ne fallait jamais avoir peur de dire les choses que l'on voudrait voir corriger dans notre vie, incluant à papa et maman. Nous pouvons tous avoir un jour ou l'autre des comportements qui font de la peine à quelqu'un, sans même nous en rendre compte. Et pour montrer ma bonne foi, je me suis donnée en exemple: « Est-ce qu'il y a des choses que je fais et que vous voudriez que je corrige ? » Mon fils aîné m'a regardée et il m'a dit: « Je n'aime pas quand tu dis que c'est moi le plus vieux et que je dois toujours donner l'exemple. Ça m'énerve... »

Nous avons donc fait une liste des avantages et des inconvénients d'être le plus vieux et nous avons établi ensemble un code pour me rappeler à l'ordre lorsque je voulais utiliser le fait qu'il est l'aîné des enfants de la famille. Quand j'entendais le code, je le regardais en souriant pour lui montrer que j'avais capté le message et je rectifiais mon tir. Dans nos tête-à-tête, nous avons ainsi trouvé des solutions à de nombreux problèmes: les conflits entre frère et sœur, les devoirs et les leçons, l'heure du dodo... C'est fou ce qu'on a pu régler, désamorçant ainsi de nombreuses situations qui auraient pu nous exploser au visage.

C'est aussi très important que nos enfants puissent se confier à quelqu'un de neutre qui soit à l'extérieur de leur famille immédiate. C'est ce que j'ai proposé à mes enfants: « Si tu ne veux pas me dire quelque chose, pour une raison ou une autre, il faut que tu puisses avoir quelqu'un qui peut t'aider à résoudre ton problème. » Et ensemble nous avons trouvé une personne qui nous plaisait à tous les trois, mon conjoint et moi, et l'enfant, et en qui nous pouvions avoir confiance.

En résumé, l'important c'est de faire tout ce qui est en son pouvoir pour éviter que les frustrations ne s'accumulent pas à un point tel que l'on perde le contrôle de la situation. Il existe diverses façons de permettre à ses enfants de s'exprimer, de se défouler même... Spécialement sur ce thème, il est possible de créer un espace de défoulement au sous-sol: un « punching-bag », des coussins à lancer ou simplement un paquet de feuilles qu'on peut chiffonner de toutes ses forces et lancer dans le bac à récupération. Laissez aller votre imagination, j'ai une grande confiance en vous !

Nourrir sa confiance, faire preuve de reconnaissance

L'enfant a non seulement besoin de notre écoute quand ça va mal, mais il a aussi besoin que nous soyons là pour applaudir ses réussites, reconnaître ses bons coups, être fier de son succès ! Quand l'enfant est fier de vous montrer ce qu'il sait, de dire ce qu'il est, et que vous lui coupez la parole, alors vous lui coupez les ailes.

Lorsque l'enfant dit à son parent : « Savais-tu que ?... » Et que le parent répond : « Oui bien sûr, évidemment que je le savais. » Vous venez de dégonfler le ballon qu'il avait hâte de vous offrir. Les enfants qui rentrent de l'école, heureux d'avoir acquis des connaissances, fiers d'avoir appris de nouvelles choses ; ces enfants curieux, fascinés par tout ce qui bouge et qui sont avides de transmettre leur tout nouveau savoir, se font parfois rogner les ailes par la maladresse des parents. La réponse du parent devrait plutôt être empressée et enthousiaste : « J'ai hâte de voir ce que tu vas m'apprendre aujourd'hui ! Tu me donnes le goût de découvrir de nouvelles choses. »

L'enfant qui se fait rabrouer rudement ne reviendra pas partager sa joie de connaître, ses découvertes. L'enfant veut échanger avec l'adulte, vérifier sa compréhension des choses ; il sait bien que ses parents ont une expérience et des acquis qu'il n'a pas. Il n'est pas en compétition avec eux ; quand il apprend quelque chose de nouveau, il veut le dire tout de suite...

Et sachez que pendant ces moments de partage magiques, il se confiera sans doute plus facilement à vous grâce à votre écoute. Vous aurez ensuite à garder le fruit de ses confidences en ne les racontant à personne d'autre, sinon vous pourriez perdre le lien de confiance que vous avez établi tous les deux.

Ne cherchez pas toujours la petite bête noire qui vise à rabaisser. Vous le faites peut-être inconsciemment, mais il n'en reste pas moins que les conséquences sont douloureuses pour l'enfant qui fait de son mieux. Si vous êtes de ceux qui ont la critique facile, placez-vous devant un miroir et essayez de comprendre pourquoi vous agissez ainsi : vous êtes-vous déjà fait humilier et dévaloriser de telle sorte que vous êtes porté à faire de même pour les autres ? Quand l'enfant vous écrit un message, prenez le temps de lire le « je t'aime » avant de lui parler de ses fautes d'orthographe. Sinon vous risquez de ne plus recevoir de messages.

Si ce que vous avez à dire ne revêt aucune valeur constructive, pourquoi le dire ? Dites plutôt ce que vous auriez aimé entendre vous-même en pareille circonstance. Pourquoi tenter de détruire le moindre effort louable plutôt que d'encourager votre enfant à aller de l'avant et de le motiver à construire ? Utilisez votre imagination pour la correction des fautes et faites-en un jeu. Par exemple, moi j'écrivais un message à mes enfants et je disais : « Dans ce message il y a trois fautes, trouve-les ! »

Apprenez à être fier de la réussite de votre enfant. C'est un exercice à développer à partir de maintenant. Ajoutez à votre vocabulaire les phrases suivantes : « Je suis heureuse pour toi. Tu m'impressionnes. Je viens vraiment d'apprendre quelque chose de nouveau. » Vous verrez, ces pensées positives vous reviendront toujours au centuple, sans compter tout le bien que ces bonnes paroles feront à votre enfant.

Vous vous demandez peut-être pourquoi l'émission *Passe-Partout* était si populaire ? Pourquoi devenus des adultes, majeurs et vaccinés, nos fervents admirateurs nous aiment encore autant ? Eh bien, c'est très simple, nous étions leur stabilité, en étant toujours là, à la même heure. Ils pouvaient se fier à nous sans jugement. Nous étions à leur écoute et nous vivions ce qu'ils vivaient. Nous trouvions même parfois pour eux des solutions à leurs problèmes, des problèmes qui, aux yeux des parents, semblaient peut-être banals, et pourtant...

En fait, nous étions en quelque sorte une télévision avec des bras qui savait dire : « Je t'aime, j'ai confiance en toi et tu peux le faire ». Ce que je viens de vous écrire, eh bien ce sont les jeunes devenus adultes qui nous l'ont dit. C'est aujourd'hui seulement que nous prenons vraiment conscience de l'impact de cette émission.

Quand la parole se fait silence

Mais il arrive parfois que, malgré tous nos efforts, la communication ne passe pas... C'est à ce moment précis qu'on doit faire preuve d'encore plus de vigilance afin d'être à l'écoute et aux aguets des nombreux indices que notre enfant va mettre sur notre route. Quand la parole n'arrive plus à trouver sa voix pour s'exprimer, il nous reste le regard !

Quand on observe son enfant...

Quand son physique parle...

Quand son attitude est différente...

Quand son énergie n'est plus la même...

Quand son appétit augmente ou diminue...

Quand son sourire n'est plus là pour illuminer son visage...

Quand son rendement n'est plus le même...

Les mots parfois ne se disent plus à haute voix, se font muets...

Nous devons être sensibles et comprendre au-delà des mots... C'est maintenant notre instinct qui doit prendre la relève. L'instinct du parent qui a accepté sa responsabilité, celle de prendre cet enfant sous son aile, ce parent qui se doit de prévenir...

Un enfant qui, malgré son silence, a tant de choses à dire...

« Mon cœur pleure, mais quand je veux te le dire, les portes de mon cœur se ferment et je ne sais pas pourquoi. J'ai tant de peine... »

DOMINIC, 8 ans

Quand notre instinct nous crie que quelque chose ne va pas, il ne faut pas rester sourd à cette détresse qui ne trouve pas de mots pour se dire... Nous devons aider notre jeune à s'exprimer, nous devons lui faciliter la tâche, ouvrir toutes grandes les portes pour lui permettre d'entrer en communication avec nous. C'est grâce à l'écoute que les mots du cœur peuvent l'aider à se libérer et à guérir. Il faut permettre à notre enfant de s'exprimer librement et laisser jaillir les émotions qui, même si elles sont en apparence banales à nos yeux, peuvent être graves aux siens.

J'ai eu la chance d'assister à des ateliers d'écriture pour les ados et c'est dans cette expérience que j'ai vu combien le silence d'un jeune pouvait être chargé de tristesse, de colère, de rancune et même d'un désir de mourir à cette vie qui n'a plus aucun sens pour lui ! Prisonnier des émotions qu'il ne réussit pas à exprimer, cette force se retourne contre lui, contre la société, contre ses proches, contre la vie elle-même.

On les dit rebelles, on les appelle les décrocheurs... mais avant qu'ils ne décrochent, ils ont souvent fait de nombreuses tentatives pour nous toucher, pour attirer notre attention sur tel sujet qui les préoccupait... Finalement, c'est notre surdité qui les a fait se désengager de tout, c'est notre manque d'écoute qui les a démotivés. C'est alors que la crise éclate que la fugue devient l'expression de la détresse qu'ils vivent intérieurement avec une telle intensité. Mais devons-nous nous rendre jusque-là ?

Avoir une écoute réelle

Nous devons être réellement à l'écoute de ce que notre enfant nous dit, prêter attention, poser des sous-questions, le regarder droit dans les yeux, lui montrer qu'il a de l'importance pour nous. Nous devons être à l'écoute et percevoir son comportement, ses gestes, comprendre ses silences. Nous devons être vigilants...

- La joie de vivre, cette force vitale, est-elle encore présente ?

– Se retire-t-il plus souvent dans sa chambre ?

– Ses notes scolaires sont-elles en chute libre ?

– Mange-t-il bien ?

– Son sommeil est-il de qualité ?

Autant d'indices et de signes avant-coureurs qui nous montrent qu'il tente de communiquer avec nous **à sa manière**. Combien de parents, une fois leur jeune arrivé à l'adolescence, perdent leurs moyens, allant même, pendant cette période délicate, jusqu'à voir leur couple s'enliser dans les sables mouvants de l'incompréhension et de la culpabilisation ?

« Que se passe-t-il ? Alors que tout allait si bien... que notre jeune avait les allures d'un ange... Pourquoi se transforme-t-il tout à coup en véritable démon ? »

Pourquoi ? Tout simplement parce que, pendant un bon moment, il a fait tout ce que vous vouliez et que maintenant, c'est terminé ! Vous devez en prendre votre parti. C'est ça la vie ! Est-il un diable pour autant ? Peut-être... Si vous l'avez trop gâté, il exigera tout ce qu'il a toujours eu, et plus encore. Le jeune n'est souvent pas différent de ce qu'il était auparavant. Il avait 2 ans et aujourd'hui il en a 15. C'est la même personne, à une différence près : avant il n'avait pas vraiment droit de réplique, aujourd'hui il le prend... Si vous vous retrouvez devant un problème, c'est souvent celui-là même que vous n'avez pas réglé alors qu'il était âgé de 4 ans, 9 ans, 12 ans... un problème comme celui du respect par exemple.

Je suis parfois abasourdie de voir des jeunes manquer de respect à leurs parents. Croyez-vous honnêtement que c'est seulement à 15 ans que le non-respect se manifeste? Non! Lorsque l'enfant était jeune, qu'il vous lançait un jouet par la tête, qu'il boudait ou encore marmonnait des mots en sourdine, si vous avez fait la sourde oreille à cette époque et que vous n'avez pas corrigé la situation, eh bien elle ne se sera sûrement pas améliorée depuis.

Aujourd'hui, il ne marmonne plus ses mots entre ses dents, il hurle, et ce que vous recevez par la tête ce ne sont plus des jouets... Quand le parent n'a pas peur de jouer fermement son rôle, l'enfant comprend qu'il existe des limites qui ne peuvent être franchies, qu'il y a des choses qui ne se font pas et, à 15 ans, il sait très bien ce que signifie le mot respect, quand l'adulte qui en avait la responsabilité a su lui apprendre.

Et si d'ores et déjà, à la maison, entre adultes, on ne se témoigne pas de respect les uns les autre, il ne faut pas s'attendre à ce que les enfants sachent ce que le respect représente. L'éducation se fait à la base. On oublie trop souvent que le parent n'est pas d'abord un ami, il est avant tout l'adulte qui doit montrer à son enfant le chemin du savoir-vivre.

Il y a ouverture et ouverture...

Cependant, il arrive aussi que les parents qui veulent se montrer très à l'écoute de leurs enfants le soient un peu trop. Il faut savoir trouver le juste milieu. Un jour, mon fils Dominic revient à la maison et il me confie que ce n'est vraiment pas drôle pour ses chums et que certains d'entre eux ont des parents plutôt bizarres... Il me raconte que le père d'un de ses amis est très « cool ». Il va chercher une caisse de bière, etc. Il dit qu'il est resté jeune de cœur...

Papa cool... enfant attristé et mal à l'aise

Cet après-midi-là, nous étions trois de mes amis et moi à chercher un endroit pour faire un party, une activité que l'on ne tient habituellement pas devant ses parents... Dès le départ, il était exclu qu'on vienne chez nous, non pas par manque de place : le sous-sol était toujours à notre disposition, sauf qu'il devait toujours y avoir avec nous un adulte responsable, qu'il fallait faire le ménage après la fête, et tout remettre en place.

Donc, j'ai été en quelque sorte éliminé sans avoir un mot à dire. Je regardais mon ami du coin de l'œil, car il savait déjà qu'on finirait tous par se retrouver chez lui. Au fond, il n'y avait jamais personne dans sa maison et de plus, son père était resté ado dans l'âme, un peu délinquant sur les bords... Alors, s'il arrivait au beau milieu de la fête, il n'y avait jamais de problèmes. Sauf pour mon ami, car lui, il ne voulait plus vivre ce genre de relation avec son paternel. Il détestait au plus haut point voir son père se mêler à nous. Comme de raison, il était malheureux comme les pierres.

Dominic m'avait ensuite fait la réflexion suivante : « C'est bon d'avoir à l'occasion des parents qui disent non à notre place. »

Savoir communiquer de la bonne façon

J'ai toujours été passionnée par les jeunes. Je ne m'en cache pas, j'aime les côtoyer, car, que voulez-vous, ils sont à mes yeux l'énergie dont j'ai besoin pour exister. C'est pourquoi ce qu'ils vivent me tient tant à cœur. J'ai toujours privilégié avec eux des outils de communication efficaces, et Dieu sait combien il en existe, mais l'écriture pour moi en est un de premier choix ! C'est pourquoi, dans cette veine, j'ai décidé de suivre aussi les ateliers d'écriture donnés par Ève et Christiane, ces deux enseignantes animatrices. Dans le cadre de ces groupes de création libératrice, les jeunes étaient invités à écrire une lettre à un de leurs parents ou à une personne de leur choix afin de leur exprimer ce qu'ils n'avaient jamais encore osé dire. Voici comment se déroulaient ces rencontres...

Un voyage à l'intérieur de soi

À l'heure où le soleil descend à l'horizon et où une lune encore timide entreprend son ascension, des adolescents s'engagent pour un merveilleux voyage. Si la destination est connue, l'itinéraire, lui, demeure mystérieux et les escales peuvent être douloureuses, tristes, tendres ou exaltantes. En fait, tout est possible lors de ce fascinant voyage à l'intérieur de soi. C'est attirés, puis séduits par la lueur des chandelles, avec un silence propice au recueillement, dans une ambiance d'amour, de respect et de confiance que des jeunes s'inscrivent à des ateliers littéraires thérapeutiques. Ces adolescents sont, pour la plupart, réfractaires aux interventions rééducatrices traditionnelles. Jusqu'ici, rien n'a pu percer l'armure de leurs défenses ou combler le fossé de leurs souffrances.

Persuadées de pouvoir rejoindre ces âmes oubliées, deux enseignantes conçoivent puis expérimentent une technique particulière utilisant l'expression littéraire comme moyen de pénétrer dans le monde inconscient des émotions. Lors de ces soirées magiques, les deux enseignantes, Ève Lalancette et Christiane Pilote ne font plus figure d'autorité. Je tiens à les remercier de m'avoir permis de vivre des moments privilégiés à leurs côtés. Elles accueillent chacun dans ce qu'il y a de plus beau et créent les liens qui permettent l'émergence de leur créativité.

Comme un cadeau, ces adolescents livrent alors leurs angoisses, leurs colères, leurs espoirs et leurs rêves. Au gré des mots, ils offrent les fleurs de leur tendresse et laissent les autres admirer les perles de leur sagesse. Les barrages cèdent sous cette pression de création mêlée d'émotions intenses jaillies du trop-plein de leur âme. Puis, les flots inondent et nettoient les yeux. La vie leur apparaît alors sous un jour nouveau.

C'est sans vraiment croire à la magie de cette introspection par l'écriture que Richard (merci à toi pour cette belle leçon de vie) s'est inscrit la première fois. Il aura 18 ans dans quelques semaines avec bientôt 3 ans de séjours en centre d'accueil. Aucun des spécialistes intervenus auprès de lui n'a guère eu de succès. Il reste imperméable à toute forme de thérapie, se méfiant des adultes et repoussant ses pairs. Richard s'intéresse avant tout aux ateliers, car ils lui permettent d'exercer ses charmes auprès des filles. C'est un domaine où il excelle. Cependant, il arrive à bien se détendre lors des visualisations qui précèdent l'écriture.

Pour tout dire, les sujets spirituels abordés en début de soirée ébranlent son esprit (le contact avec l'âme, l'interprétation des rêves, la vie après la mort, etc.). En fait, il y cherche le sens de sa vie. Richard est profondément blessé et vit un sentiment d'abandon, sans doute relié à son adoption. Très jeune, il a été abusé par un ami, puis de victime, il devient lui-même agresseur. Après le décès de sa mère adoptive, il sombre dans l'enfer de la drogue et de la délinquance.

Il assiste plusieurs fois aux ateliers. Ces rencontres lui procurent plus de calme, mais il demeure au bord de ses émotions, les effleure sans jamais y plonger vraiment. Puis un soir, le miracle se produit. Entraînés par une visualisation particulièrement intense, les mots l'envahissent, se pressent et fleurissent au bout de son crayon. Il écrit à sa mère, c'est une lettre d'adieu.

Jamais, depuis quatre ans, il n'avait affronté les émotions troubles sous-jacentes de son départ très réel. Guidé par la force d'amour qui couve en lui, il est maintenant prêt à ce que sa maman prenne son envol... Ses larmes semblent intarissables, témoins de tant de non-dits, mais le soulagement qu'il ressent est certainement aussi intense que la douleur éprouvée. Richard a enfin trouvé la clé de son armure.

Voici le texte qu'il a écrit à sa mère sur la page suivante et que je n'ai pas retouché, tout comme les autres textes des ados. J'ai voulu respecter totalement leurs cris du cœur, dans leurs propres mots.[5]

---

5. Tirés du livre *Les Intouchables : des adolescents à fleur de cœur* / collectif dirigé par Ève Lalancette et Christiane Pilote, Chicoutimi, Éditions Félix, 1998-2003.

Chère maman

Tu m'as élevé pour m'apprendre à aimer la vie. Comment te dire merci pour tout ce que tu m'as donné sans même que j'aie eu à te le demander? Tu m'as aimé. C'est tout ce dont j'avais besoin pour pouvoir grandir... mais tu es décédée d'une maladie que je n'ai jamais comprise, je ne savais pas la manière de te dire je t'aime. J'étais trop effrayé à la pensée que tu allais me quitter, moi qui t'ai tant admirée. Tu savais te relever de tes difficultés. Je ne cessais d'espérer que tu persévérerais et que tu m'emmènerais dans un chemin que personne ne pouvait me faire visiter.

J'ai tant souffert de ton départ, je me suis brisé en voulant surmonter le grand trou que tu venais de laisser. Au lieu de comprendre, j'ai désespéré, je ne pensais qu'à te retrouver, même dans la mort. Je t'ai tant aimée, tu ne peux l'imaginer. Depuis, je n'ai jamais cessé de crier. J'ai «tripé» je me suis renfermé... Aujourd'hui, j'ai compris que me suicider ne pourra jamais te ramener à mes côtés, car je ne peux empêcher cette réalité.

Je t'aime pour «toujours» avec un grand T.

Adieu...

RICHARD

Marie a 15 ans, elle rêve de liberté. Mais qu'en fait-elle? Une famille dysfonctionnelle, une mère alcoolique, sa propre dépendance aux drogues et de multiples tentatives de suicide l'ont conduite au centre. Il fallait protéger son intégrité. Son estime de soi se meurt et appelle à l'aide... Dès les premiers soirs de participation aux ateliers, elle perçoit une présence réconfortante près d'elle. On parle d'ange gardien, d'âme, de guides, de réincarnation et, petit à petit, elle trouve un certain sens à ses épreuves incompréhensibles.

Un soir, Marie ressent une puissante énergie qui l'entoure, la berce. Cette émotion est si intense, la force qui en émane est si rassurante, qu'elle promet de vivre désormais et d'aller au bout de sa difficile route. Pour la première fois de sa courte existence, elle se sent aimée d'une façon inconditionnelle. La grâce, dans ce cas, s'est encore une fois manifestée en prenant le chemin des mots, et elle a réalisé un autre miracle.

Petit enfant

Petit enfant, tout petit être qui couve en moi,
Tout petit monde enfantin,
Petit monde, tu vis en moi !
J'aimerais saisir pour un instant la joie d'un
Simple sourire d'été, d'un rire plein de gaieté,
D'une douce magie qui fait revivre !
Cesser de souffrir, cesser de m'attrister
Pour enfin pouvoir m'amuser.
Toute petite,
Je rêvais, rêvais à ce monde où j'ai grandi,
Ce monde inoubliable d'une si pénible existence !
Peut-être que j'ai mal grandi
Ou simplement mal vieilli.

Petit enfant, allez, va, montre-moi comment faire
Pour survivre aux gens et sourire à la vie.
Comment on fait quand on est grand,
Comment fait-on pour dire merci, je t'aime

Ou bien j'ai de la peine ?
J'ai mal en dedans, j'ai mal tout le temps,
J'ai le mal de vivre, le mal de rire ; j'ai peur du noir,
j'ai peur de voir dans un miroir la personne que je suis
aujourd'hui.

Petit enfant, allez viens, viens, petit enfant,
Émerveille-moi et calme-moi.
Fais-moi rire, fais-moi pleurer !
Ne me laisse plus seule, seule sans manger
Seule dans le noir, seule sans espoir !

MARIE

Ève et Christiane comparent l'impact de cette forme d'écriture à ce qui se voit parfois lors de lecture de contes allégoriques. Ce genre littéraire a d'ailleurs été le point de départ de cette merveilleuse expérience. Poussés par cette force introspective, les élèves laissaient facilement percer leurs émotions et, à la même époque, ils proposaient d'écrire leurs propres textes. Ils se mettent donc à l'œuvre, soutenus par la technique des ateliers littéraires, alliant créativité, inconscient et spiritualité.

Sachant qu'au niveau de l'âme le potentiel à explorer est illimité, on comprendra mieux pourquoi les textes composés sont aussi bouleversants de sincérité et de vérité. De ce côté du voile, il n'est nul besoin de jouir d'une imagination débordante ni d'avoir toujours su manier le verbe avec aisance. Il suffit de faire taire son rationnel et de laisser parler son cœur qui s'exprime le plus souvent par la poésie et la métaphore de vie.

Cette poésie, Thomas l'avait déjà apprivoisée pour le plaisir de jouer avec les mots, mais c'est lors des ateliers qu'il a compris toute la richesse d'émotions que cette forme littéraire cachait. Son père est décédé il y a quelques années. Depuis lors, privé de tendresse et d'affection, les relations avec sa mère se dégradent. Elle ne veut plus assurer l'encadrement de cet enfant et l'abandonne. Profondément en colère contre l'injustice de la vie, il trouve une nouvelle famille dans le monde de la drogue et de la criminalité.

Et puis, un soir, Thomas n'entend plus les mots de la visualisation qui normalement le conduisent dans le monde symbolique de l'inconscient. Son esprit s'envole, son corps transpire et devient froid. De longues minutes s'écoulent... Et petit à petit, lui revient le souvenir d'une rencontre merveilleuse. Comme il le souhaitait depuis longtemps, il est entré en contact avec son père, le rejoignant dans cette dimension juste « de l'autre côté de la porte ». Il ressort bouleversé de ce beau cadeau. Sa plume raconte, elle aussi, cette grande quête.

Nuit sombre

La nuit est sombre
Mais je n'y suis pas.
Je recherche mon ombre
Mais je ne la trouve pas.
Pourquoi cette misère
À rechercher ce qui n'existe pas ?
Je dois utiliser mon flair
Pour trouver ce qui est là.

Aidez-moi à la retrouver,
Car sans elle je suis perdu.
Je vais la dénicher
Malgré les rumeurs qu'elle n'existe plus.

THOMAS

Ces ateliers s'enrichissent au fil des semaines d'autant de magnifiques expériences. Lors de chaque rencontre, les jeunes en retirent un bienfait réel qui se perçoit à la fois dans leur être et dans leurs attitudes. L'ambiance apaisante, la lumière qui émane des cœurs et l'accueil inconditionnel des animatrices permettent à chacun de vivre ce qu'il y a de meilleur pour lui. Merci à ces jeunes..., ces grands professeurs de la vie.

Un autre projet qui a su toucher mon cœur...

Je tiens aussi à vous faire lire ces textes[6] que je garde précieusement... À ces élèves qui se liront, sachez que par vos mots, vous permettrez à des parents de mieux comprendre l'état d'âme de leur enfant. Vos mots que je qualifierais de «mots du silence».

Incompris

Des graffitis il a écrit
De petits crimes il a commis
Tout le monde en a contre lui
Tandis que lui, il en veut à la vie.

6. Textes tirés d'un projet de l'école secondaire de Rochebelle.

Est-il coupable de cet assaut d'agressivité,
Lui qui est seulement révolté

Mérite-t-il d'être condamné
Lui qui a seulement voulu être aimé ?

Malheureuse a été son enfance,
Compliquée a été son adolescence,
Sa vie a donc suivi la déchéance,
En prenant le chemin de la délinquance.

Il aurait pourtant suffi d'une âme sensible,
D'une personne disponible,
Quelqu'un pour le comprendre et l'écouter,
Quelqu'un pour lui apprendre à aimer.

Alors, pourquoi le punir des injustices
D'une société matérialiste,
Alors qu'il pourrait recommencer sa vie
En n'étant plus cette fois un incompris ?

BIBIANE, 2e secondaire
École secondaire de Rochebelle

Belle, si douce maman

Je te lance un SOS,
Je ne reconnais plus la lumière du jour…
Aide-moi, j'ai besoin de toi
Tu me manques énormément

Ton odeur, tes gestes, tout...

Là, dans ma chambre, je pleure jour après jour,
Une question sur une autre,
Le bonheur ne me distrait plus,
La peur envahit ma tête,
Que des horreurs ici et là,
Que de mauvais souvenirs !

Vais-je comprendre un jour pourquoi
Ces pleurs et ces cris quand je dors ?
Ce réveil horrible où je pleure toujours.
J'ai besoin de toi, maman,
Aide-moi, dis-moi « je t'aime ».
Tu préfères peut-être que je te le dise avant :
« Je t'aime, maman ! »

JESSIKA

Trahison

La haine rage dans mon cœur,
Les forces du mal se sont éprises de moi,
Je ne me sens que laideur
En moi, les ténèbres se déploient.

Tu m'as fait mal, tu as volé une partie de moi
Lorsqu'un jour tu as fait de moi ta proie.
Tu as abusé de mon corps, de ma pudeur,
il est donc maintenant temps pour moi que je meure.

Je suis devenue une bête ensorcelée
Par la froideur de tes baisers,
Par la laideur de ton toucher,
Par ton âme que j'avais mal jugée...

Tu te disais un ami, je te croyais un frère,
Une personne qui aurait tout fait pour moi
Et tu en avais l'air si fier,
Qui aurait pu croire cette cruauté en toi ?

Tu as triché avec mon cœur,
Sans même avoir de remords,
N'était-ce qu'une question d'orgueil
Ou pour me prouver que c'était toi le plus fort ?

Pourquoi m'as-tu trahie,
Moi qui avais confiance en tes mots doux ?
Pourquoi ne m'as-tu pas dit
Que pour toi, j'éteindrai ma vie ?

MARIE-LUCE, 1re secondaire
École secondaire de Rochebelle

Dernier envol

Entends-tu les outardes ?
Entends-tu leurs cris perçants
Qui crèvent le ciel,
De leur long voyage
Au crépuscule de mai ?

Sens-tu ces battements d'ailes ?
Sens-tu cette vague
Qui enveloppe mon cœur,
Telle une brise fraîche
Qui souffle sur toutes les misères ?

Vois-tu leurs yeux ?
Vois-tu leurs regards
Qui se figent sur moi
Comme se pétrifie la glace
Sur l'âme du bonheur ?

Entends-tu, elles m'appellent ?
Entends-tu, elles sont si près
Qu'on semble croire
Qu'elles sont en nous
Pour nous apprendre à voler ?

Elles ouvrent les portes
Du pénitencier que j'habite,
Car maintenant elles le savent
Que je suis des leurs,
Que je veux moi aussi
Mourir en volant...

VALÉRIE, 5e secondaire
Polyvalente de Lévis

Folie...

Je n'en peux plus, je suis malade :
Malade dans ma tête, dans mon cœur et dans mon âme,
Malade d'être si jeune, malade de vieillir,
Malade de manquer de confiance en moi.
Cette carapace si dure et si laide
Cache un cœur tendre qui ne sait s'exprimer.

Un jour, je vomirai ma haine,
J'aurai enfin ma revanche sur tous ceux qui m'ont fait du mal.
Ce jour-là, ILS seront malades,
ILS joueront au petit animal blessé.
Les rôles seront inversés et je les laisserai crever ;
Vous saurez alors tout ce que j'ai subi en sombrant dans ma folie.

J'ai si peur, j'ai si mal.
Quelqu'un entendra-t-il un jour ce cri du cœur que je lance ?
Ou me laisseront-ils mourir dans ce piège cruel ?
Je n'ai besoin de personne, je vais me débrouiller seule...
Seule... SEULE ! C'est tout ce que j'ai toujours été :
Une petite enfant solitaire qui attendait...

Qui attendait son adolescence pour enfin cracher son désespoir,
Pour cracher sa rage au visage des malfaiteurs !
Comme un grand oiseau, levant les bras très hauts,

Je n'aurai plus qu'à faire le grand saut...
Alors, ils verseront des larmes de sang sur
ma tombe,
Et pour la première fois, je verrai qu'ils m'aimaient...

ÉVELYNE DUVERNAY
Extrait de *Pour tout l'art du jeune monde*

L'enfance douloureuse

L'enfance malheureuse,
Tout commence à la maison.
Les querelles des parents,
La domination des sœurs aînées,
La tristesse dans toute cette tempête.

Tu es abandonné dans le coin de la maison,
Traité comme un vieux chiffon.
La violence empire avec la colère.
Innocent, tu subis
Les mécontentements
Du père insolite.

Enfant, sois beau
Mais tais-toi,
Sans rien faire,
Sans rien dire,
Tu déranges.

À l'école, la même chose.
Les autres enfants te refusent.

Triste et malheureux,
Aucun compagnon ne t'accepte,
Même pas ta famille.

Aujourd'hui, avec ta force,
Ton évolution psychologique,
Tu fonces,
Et plus rien.
Plus un être pour t'arrêter.

Tu réalises que la faiblesse
Endurée pendant toutes ces années
Appartient aux autres.
Et toi,
Tu sais ce que tu vaux.

NANCY SANTERRE
5e secondaire Polyvalente de Lévis

Compte tenu de toute l'admiration et de tout l'amour que je voue à ces jeunes, je tenais à vous faire lire les mots du silence. Avec tout mon respect, je remercie ces jeunes de leur grande intelligence. Merci pour ce silence dévoilé qui aidera sans aucun doute les parents à percevoir les sentiments et les émotions émanant du cœur de leur enfant.

Chapitre 5

DÉMYSTIFIER TOUT CE QU'ON ENTEND SUR NOS ENFANTS ?

De la garderie à l'école, du pédiatre au psy… N'oubliez jamais que le parent, c'est vous !

Vous êtes-vous déjà attardé à compter le nombre de personnes qui interviennent dans la vie de votre enfant ?

- famille (grands-parents) ;
- amis ;
- profs ;
- intervenants scolaires, les « ogues » de toutes sortes (pas très loin de « bogues », hi ! hi ! hi !) ;
- gardienne ;
- médecin ;
- dentiste ;
- télévision ;

- Internet;
- médias, etc.

Toutes ces personnes et ces ensembles de procédés de transmission d'informations ont quelque chose à vous dire ou à vous apprendre à propos de votre enfant: cela pourrait être des commentaires, des remarques ou des conseils... Il arrive même parfois qu'ils remettent en question votre façon de faire, vous disent ce qu'il faudrait corriger. Cependant, l'élément le plus essentiel à ne jamais oublier, c'est que vous êtes le parent... vous êtes la personne la plus importante dans sa vie.

Comment démystifier tout ce que l'on entend?

Lorsque vous devez faire face à un problème relatif à votre enfant et qu'un «spécialiste» vous donne son opinion, il est primordial de toujours avoir une seconde opinion et de ne jamais rien tenir pour acquis. En cherchant autour de vous, vous serez surpris de constater à quel point vous n'êtes pas seul à vivre ce moment de vie qui vous semble peut-être dramatique pour l'instant. Le simple fait d'en parler vous donnera le temps de penser avant d'agir aveuglément. La plupart du temps, vous avez la solution sous les yeux, et parfois juste devant vous, mais vous êtes trop près pour la voir.

Prenons l'exemple de l'enfant qui, en classe, ne semble pas suivre au même rythme que les autres, qui donne l'impression d'avoir de la difficulté à comprendre et qui paraît plutôt se réfugier dans son univers à lui... Rapidement, grâce à son comportement général, on pourra établir un diagnostic d'inattention. Mais après avoir discuté avec des personnes qui ont vécu le même genre de situation, vous réaliserez peut-être que ce n'est pas d'un psy dont votre jeune a besoin, mais d'une paire de lunettes !

Quand un problème se présente... Comment trouver les bonnes personnes pour nous aider ?

Comme je l'ai précisé à plusieurs reprises, la personne la plus importante dans la vie de l'enfant... c'est vous, le parent ! C'est pourquoi vous ne devez jamais donner votre pouvoir à qui que ce soit et surtout ne pas écouter le premier venu sur des sujets cruciaux concernant votre enfant. Vous devez plutôt vous mettre à l'écoute de votre senti, de votre intuition. Habituellement, ils ne vous trompent pas.

Et quand un problème semble insoluble, prenez votre courage à deux mains et mettez votre « réseau de contacts » en marche, vous verrez, il va s'élargir pour que vous puissiez entrer en relation avec les personnes qui vont pouvoir vous aider à trouver des solutions. Essayez de dénicher des personnes qui ont vécu un problème de cet ordre et demandez-leur ce qu'elles ont fait pour le résoudre ; montez votre propre base de données d'information.

Par où commencer ? D'abord, faites le tour de la famille et des amis, et parlez-en ! Ensuite, consultez les ressources disponibles à l'école. Grâce au bouche à oreille, il y aura quelqu'un, quelque part, qui connaît quelqu'un d'autre et le contact se fera. Il ne faut surtout pas paniquer, se sentir seul et laisser les autres s'occuper de ce problème. Après tout, c'est de votre enfant qu'il s'agit.

Aujourd'hui, un réseau de gens disponibles et de personnes-ressources se constitue rapidement et il est souvent très efficace, car ceux qui, comme vous, ont vécu cette situation se feront un plaisir de vous venir en aide. Pourquoi ? La raison en est toute simple : lorsqu'on a vécu soi-même des circonstances similaires d'une telle intensité, on comprend beaucoup plus facilement ceux qui les vivent à leur tour. D'ores et déjà, on sait ce qu'ils ressentent et on est alors plus en mesure de les aider à démystifier et à dédramatiser cette situation.

Quand la vie nous bouscule...

Un jour, je reçois l'appel téléphonique d'une dame dont le fils avait perdu tous ses cheveux, tout comme le mien. Je la sentais perturbée et inquiète, cherchant éperdument la solution miracle. Ce miracle, il se trouvait dans nos cœurs, à travers l'échange que nous avons eu ensemble. Je lui ai offert de venir nous rencontrer, je lui ai donné plein de ressources, et surtout je lui ai dit d'écouter son enfant. Mon fils avait deux ans lorsqu'il a fait une chute du deuxième étage, il s'est réveillé le lendemain matin, pas un cheveu sur la tête, car ils étaient tous tombés sur son oreiller durant la nuit.

Nous avons tout fait pour comprendre ce qui lui arrivait et tenter de trouver un remède. Quand je dis tout, c'est vraiment tout : médecine traditionnelle, médecine naturelle, hypnose, crèmes, prises de sang, rencontres à New York avec de grands spécialistes... Tout !

Chose certaine, j'avais bien compris à cette époque que si je paniquais, il paniquerait aussi. Nous avons donc examiné la situation d'une manière posée et en faisant même des blagues, prétextant qu'il n'aimait pas se laver les cheveux, de toute manière. Quand il s'est regardé dans le miroir, je lui ai dit: «T'es servi, mon bonhomme. Touche à ta tête.» Il a réagi très calmement, sans pleurer, et nous avons toujours abordé cette question de la même façon, une journée à la fois.

C'était d'une importance capitale pour moi que Marco se sente toujours bien dans sa peau, qu'il ait une grande confiance en lui, qu'il s'assume tel qu'il était, malgré sa perte de cheveux, et qu'il puisse en parler ouvertement. Nous avons été à l'écoute, nous avons observé son attitude, essayé de concevoir comment il pouvait se sentir et nous n'avons surtout jamais laissé une question sans réponse. Nous avons vécu cette situation confiants, soucieux de faire en sorte qu'il ne se sente pas isolé dans cette aventure.

Grâce au ciel, Marco a surmonté les moments difficiles avec une grande force de caractère, il a su s'adapter également à chaque situation et aller de l'avant.

S'accepter tel qu'on est

Dans l'autobus scolaire, les plus vieux le forçaient toujours à changer de place en l'appelant «le microbe». Un matin, il a dit à sa sœur: «À partir d'aujourd'hui, on va rester en avant.» Quand les grands sont entrés, il a enlevé sa tuque, il s'est frotté la tête sur le banc et il leur a dit qu'ils perdraient leurs cheveux s'ils s'assoyaient sur ce banc-là... Résultat, quand tu décides que c'est assez et que tu passes à l'action, les choses changent !

Un jour, alors qu'il avait sept ans, nous étions en vacances à Disney. La première journée avait été très pénible, car les files d'attente étaient interminables. Le lendemain, il nous dit: « Pour toutes les fois que je me suis fait écœurer, aujourd'hui je prends ma revanche ! » Comme les gens pensaient toujours qu'il était gravement malade, ils lui proposaient de passer devant eux. Il a décidé d'en profiter et il est passé en avant de tout le monde. De plus, il a eu droit aux autographes...

Alors qu'il était plus vieux, nous avons eu une bonne discussion avec lui. Il nous a dit, à son père et à moi, qu'il appréciait tout ce que nous avions fait pour que ses cheveux repoussent, mais qu'il était épuisé par toutes ces démarches: « Je ne veux plus essayer toutes ces potions aussi miraculeuses les unes que les autres, je ne veux plus de prises de sang. Je suis bien comme je suis. » Ce jour-là, il a pris sa décision, celle que nous avons tous respectée depuis. Nous savions en notre for intérieur que nous avions fait tout ce qui était en notre pouvoir et qu'il n'y aurait jamais de: « Si on avait... »

« Souvent, lorsqu'un enfant est différent,
ce n'est pas surtout lui qui est traumatisé,
ce sont ses parents... »

MARCO

Marco a même été invité à expliquer ce qu'il vivait devant sa classe et il a participé à des concours d'art oratoire où il parlait avec brio de cette expérience de vie... Chose certaine, j'ai tout fait pour qu'il se sente bien et qu'il s'accepte comme il était, en mettant en évidence ses forces, son intelligence et ses qualités.

Dans toute cette histoire, la leçon de vie a non seulement été pour notre fils, elle l'a aussi été pour nous, ses parents. Nous y avons tous appris quelque chose d'essentiel. Bien sûr, Marco a vécu des moments difficiles, mais chaque fois il s'en est sorti gagnant. J'ai beaucoup d'admiration pour son courage et sa détermination. Il a su se protéger mentalement de ce que le « petit monde » peut parfois faire.

Comment rassurer l'enfant lorsqu'il entend tout ce qu'on dit sur lui ?

Il n'y a pas 50 façons de faire. On doit être franc, désamorcer et dédramatiser la situation. Si votre enfant a quelque chose à apprendre, qu'il l'apprenne de vous et non des autres, car trop souvent ces derniers vont déformer les faits et les informations, et ils n'auront sûrement pas la diplomatie et la pédagogie dont vous seul saurez faire preuve.

Ensuite, vous devez lui donner les moyens pour lui permettre de faire face par lui-même à la situation. C'est ainsi qu'il pourra acquérir la force dont il aura besoin pour passer au travers de cette situation. Je me souviendrai toujours de la journée où Marco, en classe, avait appris qu'il y avait un problème de poux à l'école. Aussitôt, il s'était levé et avait dit : « Ce n'est pas moi qui apporte les poux. Moi, c'est plutôt une patinoire à poux que j'ai sur la tête ! » Et tout le monde avait ri. Quand on rit de soi-même, on désamorce toutes les tentatives que les autres pourraient utiliser pour nous faire du mal...

Quand votre enfant vit un problème, en tant que parents, vous devez faire en sorte qu'il comprenne la situation. Vous devez trouver les bons mots et surtout la bonne façon de les formuler. Votre enfant étant le principal concerné, il doit faire partie prenante de ceux qui trouvent la solution. Ne vous privez surtout pas de solliciter son opinion, de vous informer de ce qui l'intéresse ou le préoccupe :

« Comment te sens-tu ? »

« Est-ce que ça te convient ? »

« Est-ce que ça te fait peur ? »

« As-tu certaines inquiétudes ? »

« Est-ce que tu comprends bien la situation ? »

« As-tu confiance en cette personne ? »

Quand vous allez consulter un spécialiste et que vous sortez de la consultation avec la désagréable impression que personne ne vous a écouté, comment vous sentez-vous ? Si votre enfant se sent rejeté et incompris, alors que c'est lui qui est au cœur du problème, il sera malheureux. Il va peut-être se retirer alors dans son univers et les mots du silence enfouis au tréfonds de lui ne pourront pas être entendus. Permettez-lui de s'exprimer. Vous trouverez sans doute des réponses à vos questions dans certaines de ses affirmations.

Quand l'aide d'un tiers vient à notre rescousse !

Dans la même optique, nous devons rendre aux grands-parents la place qui leur revient, car après les parents, ce sont souvent les personnes les plus importantes dans la vie de l'enfant ! On doit non seulement redonner aux grands-parents leur place, mais surtout le respect qu'ils méritent. Ce sont des gens qui sont restés en connexion directe et étroite avec le GBS, le gros bon sens... comme on le dit souvent. Le plus beau cadeau que l'on puisse faire à nos enfants, c'est de les mettre en relation avec des grands-parents. C'est de l'amour à l'état pur !

Pendant sept ans, j'ai eu chez moi, à la campagne, un camp de vacances pour des enfants démunis. Nous recevions 30 enfants par semaine. Chaque été, épaulée de ma grande amie Marie-Hélène, avec qui d'ailleurs je continue de travailler, nous mettions les jeunes en contact avec la nature, la forêt ; nous nous occupions d'eux, nous leur apprenions à se débrouiller, à user d'imagination, de créativité. Ça valait tout le Ritalin du monde...

Nous avions aussi nos grands-papas joyeux, papi Jo et papi Gilles Bricault qui collaboraient avec nous et qui faisaient participer nos jeunes à des activités diverses ; entre autres, ils ont créé des ateliers de menuiserie et de construction de toutes sortes. Ce partage de connaissances, ces moments de grâce, ces échanges entre générations demeurent parmi les plus beaux souvenirs que je garde. Et eux aussi d'ailleurs.

Pour ma part, j'ai pu admirer la puissante relation qui existait entre mon fils Marco et son grand-père. En fait, c'était à un point tel qu'il marchait dans les mêmes traces de pas et mettait les pieds dans les mêmes trous d'eau que lui. Ils n'avaient pas besoin de se parler, un seul regard suffisait. Ils se comprenaient comme deux vieilles âmes. Cette grande complicité avec son papi Jo a été la plus belle thérapie que la terre ait pu offrir à Marco : une complicité vraie, authentique, pure, faite de respect, de compréhension, de sagesse.

Il lui tendait sa grande main et Marco, du haut de ses quatre ans, courait mettre sa main dans la sienne pour avancer dans la vie, libre et en toute confiance. Combien de fois les ai-je regardés partir en forêt tous les deux, comme deux bons vieux compères que la vie avait réunis ? Je me sentais si choyée de pouvoir en être consciente et d'avoir la chance inouïe d'en être témoin. Pour moi, les grands-parents représentent une richesse inestimable. Nous devons trouver des façons de tirer profit de toutes leurs connaissances et de leur grande sagesse.

Les aînés ont tant à nous transmettre

Pourquoi les isoler, les abrutir avec des médicaments, les faire taire ? Il y aurait tant de projets à mettre sur pied pour permettre aux enfants d'être en compagnie des grands-parents :

- garderie jumelée à un centre pour personnes âgées ;
- professeurs de musique ;
- aide aux devoirs, etc.

J'aimerais partager avec vous un témoignage qui m'a profondément bouleversée et qui porte à réfléchir. Une amie me racontait ceci :

« Une garderie a été construite à quelques pas de chez mes parents. Mon père adorait les enfants. Il s'assoyait près de la fenêtre et était en extase devant leurs rires et leurs jeux. Il me dit un jour : "Si je vais plus près, ils vont m'accuser de harcèlement !" Mon père était pourtant un homme extraordinaire avec les enfants, tous l'aimaient. Il était le pépère de tout le monde. »

Pourquoi les comportements douteux de certains en viennent-ils à détruire le plaisir de tant d'autres ?

Plusieurs projets ont été présentés auxquels participent des personnes âgées, des projets de ville, d'école, mais personne n'en parle, aucun média ne souligne ce travail ou ne souffle mot de ces projets. Il n'y a pas d'émissions conçues avec eux comme personnages de premier plan, et pourtant ils ont tant à nous communiquer.

Ce n'est pas parce que nous sommes dans l'ère technologique et que cette ère n'est pas la leur que leurs connaissances et leur expérience ne pourraient pas venir en aide aux jeunes et même être utiles aux moins jeunes. Ils ont été médecins, chirurgiens, enseignants, avocats, menuisiers, plombiers, couturières, infirmières, mères à temps plein... Ils bénéficient sans conteste d'une expertise hors du commun.

Imaginez par exemple une mère qui a eu neuf enfants, combien de trucs aurait-elle à nous suggérer ? Pourquoi ne pas utiliser toute cette connaissance et faire en sorte qu'un partage équitable soit possible ? Tout le monde y gagnerait !

J'ai vu des jeunes faire un spectacle de musique dans une résidence pour personnes âgées et, par la même occasion, j'ai vu certains résidents sortir leur violon et d'autres se mettre au piano. J'ai vu des jeunes du secondaire qui allaient passer une soirée par semaine avec une personne âgée chez elle, soit pour faire du ménage, pour s'occuper de leur animal domestique ou tout simplement pour leur faire la lecture, etc.

À la fin de l'année, les étudiants qui croyaient s'être engagés dans cette aventure pour rendre service se rendaient bien compte que c'est l'inverse qui s'était produit... Plusieurs avaient trouvé en ces aînés des confidents, des ressources à tous les niveaux, des contacts incroyables. Quel partage !

J'ai aussi été témoin de jeunes expérimentés en informatique qui ont donné des cours de base à des enseignants retraités qui voulaient se familiariser avec les ordinateurs ; ce qui a permis à ces jeunes de faire l'achat de portables dont ils se servaient pendant les classes. Pour ma part, j'ai toujours priorisé le jumelage des générations pour mes projets destinés aux jeunes, car preuves à l'appui, tout le monde y gagne au bout du compte.

« Responsabilité », un mot qui nous fait sentir grand...

En choisissant nos mots, on peut aider notre enfant à grandir, en optant pour d'autres mots, on peut aussi le détruire. C'est pourquoi il est très important de comprendre que peu importe le problème vécu par votre enfant, peu importe la personne qui intervient dans sa vie, vous êtes celui ou celle qui aura toujours le dernier mot. Votre choix de mots et la façon dont vous allez les utiliser pourront aider votre enfant à solidifier la confiance qu'il aura en lui-même et en la vie.

Avoir confiance en soi plutôt qu'en ce que l'on fait, c'est la véritable clé de la croissance personnelle et de l'estime de soi. Il est primordial d'avoir confiance en ce que nous sommes, car peu importe l'examen à passer, le travail à exécuter ou le projet à réaliser, s'il devait y avoir échec, c'est la confiance en soi qui permet de retrousser ses manches et de repartir vers une nouvelle aventure, enrichi d'une expérience qui n'a pas de prix.

En effet, notre confiance en nous fait en sorte que nous recommençons, que nous allons de l'avant, quoi qu'il arrive, car bien sûr nous croyons en notre projet, mais c'est avant tout en nous-même que nous avons confiance. Si nous misons sur le projet au lieu de miser sur nous-même, et si un échec devait survenir, c'est notre estime personnelle qui en écoperait. D'ailleurs, c'est là que, trop souvent, plusieurs personnes tombent à l'eau et même coulent à pic avec le projet amorcé, le rêve convoité ou la tâche à accomplir, par manque flagrant de confiance, et c'est malheureusement aussi là que plusieurs se disent: *« Je ne vaux rien. »*

Les bons mots aux bons moments

Bâtir la confiance en soi d'un enfant, la développer, cela commence dès la naissance et c'est à travers nos mots que l'enfant établira petit à petit le système de croyances qui déterminera son degré de confiance en lui-même.

Oui, c'est grâce à nos propres paroles de motivation et d'encouragement qu'il comprendra non seulement à quel point il possède la capacité d'essayer, mais aussi que ses efforts seront toujours récompensés. Le succès, c'est de passer à l'action, de foncer, d'imaginer et de laisser libre cours à sa créativité.

Donc, qui dit pouvoir de création ou créativité, dit de croire en ses propres capacités et envisager tous les possibles. Ayez la sagesse de croire en vos enfants, en leur aptitude à avoir enregistré au fil des années tout ce que vous leur avez montré, tant par la parole que par l'exemple. La grande question à vous poser en tant que parent est celle-ci : « Avez-vous confiance en l'éducation que vous leur avez donnée avec tant d'amour ? »

Cessez de les couver sous prétexte de vouloir les protéger… Je crois que vous avez peur de tout. Laissez grandir vos enfants et respectez leur droit d'expérimenter la vie dans tout ce qu'elle réserve de bon ou peut-être de moins bon pour leur apprentissage.

Étouffer les enfants en voulant les mettre à l'abri de tout aura comme principale répercussion de les éloigner non seulement de vous, mais aussi et surtout d'eux-mêmes, de cette force qu'ils possèdent de survivre et de plonger sans crainte dans l'expérience enrichissante qu'entraînent les étapes de la vie. Vous ne devez pas vivre ou respirer pour eux… ils peuvent le faire par eux-mêmes et certainement mieux que vous ne pourriez jamais le faire à leur place. C'est d'ailleurs le propos de cette histoire du papillon que vous connaissez sûrement…

La leçon de vie du papillon

Un jour apparut un petit trou dans un cocon...

Un homme, qui passait là par hasard, s'arrêta de longues heures pour observer le papillon qui s'efforçait de sortir par ce petit trou.

Après un long moment, c'était comme si le papillon avait abandonné tout espoir d'en sortir, si bien que le trou demeurait toujours aussi petit. On aurait dit que le papillon avait fait tout son possible pour s'extraire de sa chrysalide et qu'il ne pouvait plus désormais faire quoi que ce soit d'autre.

Alors, l'homme décida d'aider le papillon. Il prit son canif, ouvrit le cocon et libéra le papillon.

Le papillon sortit aussitôt.

Mais son corps était maigre et engourdi, et ses ailes peu développées bougeaient à peine. L'homme continua à guetter les moindres mouvements du papillon, persuadé que d'un moment à l'autre les ailes du papillon s'ouvriraient et se déploieraient, soutenant parfaitement le corps du papillon pour qu'il prenne son envol.

Il n'en fut rien. Le papillon passa le reste de son existence à se traîner par terre avec son maigre corps et ses ailes rabougries. Jamais il ne put voler !

Ce que l'homme n'avait pas compris en effectuant ce geste de gentillesse avec l'intention d'aider le papillon, c'est que le passage par le trou étroit du cocon, était l'effort nécessaire que le papillon devait fournir pour qu'il puisse ainsi transmettre un liquide précieux de son corps vers ses ailes, afin de pouvoir voler.

C'était le moule à travers lequel la vie le faisait passer pour grandir et se développer. Parfois, l'effort est exactement ce dont nous avons besoin dans notre vie. Si nous vivions notre existence sans faire face au moindre obstacle, nous serions limités. Nous ne pourrions pas être aussi forts que nous le sommes.

Nous ne pourrions jamais voler de nos propres ailes !

J'ai demandé la force...
Et la vie m'a donné des difficultés pour me renforcer.

J'ai demandé la sagesse...
Et la vie m'a donné des problèmes à résoudre.

J'ai demandé la prospérité...
Et la vie m'a donné un cerveau et des muscles pour travailler.

J'ai demandé de pouvoir voler...
Et la vie m'a donné des obstacles à surmonter.

J'ai demandé l'amour...
Et la vie m'a donné la possibilité d'aider les autres.

J'ai demandé des faveurs...
Et la vie m'a donné des potentialités.

Je n'ai rien reçu de tout ce que j'ai demandé...
Mais j'ai reçu tout ce dont j'avais besoin.

Vis ta vie sans peur, affronte tous les obstacles et vois que tu peux les surmonter.

SAHASRARA

Déléguer... voilà la clé !

La confiance nous vient du fait que quelqu'un croit en nous et nous permet de faire à peu près tout ce que nous avons envie de vivre. Il n'est pas donné à tout le monde de déléguer, car déléguer, c'est faire preuve de confiance ! En tant que parents, nous nous devons de déléguer et nous devons apprendre à le faire au moment où nos enfants sont en bas âge. Dans quels domaines peut-on déléguer ? Voici des exemples et des faits concrets qui peuvent s'appliquer selon l'âge de vos enfants :

- lessive ;
- commissions ;
- ménage ;
- discipline ;
- sorties ;
- entretien de toutes sortes ;
- messages ;
- activités ;
- garde d'enfants ;
- travail.

Pensez à ces hommes d'une certaine époque qui, une fois devenus adultes, n'ont jamais appris à faire la lessive ou même à cuisiner et qui se retrouvent seuls à la mort de leur conjointe... Ça ne faisait pas partie de leur éducation et on le voit maintenant, ils sont désemparés de devoir effectuer ces tâches quotidiennes essentielles. Vous pensez que tout cela a bien changé ? Eh bien, croyez-moi, ceux qui vivent encore chez maman et papa et qui ne font rien, sont plus nombreux que vous ne le croyez ! Faites donc en sorte que vos enfants soient en mesure de pouvoir se débrouiller sans vous.

Quand l'action dépasse les mots

Chez certains peuples et peuplades nomades, à 12 ans le jeune garçon part à l'aventure pour vivre son initiation à l'existence. Il part à la découverte de ce qui sommeille ou se cache en lui, il apprendra à connaître l'homme en devenir, celui-là même qu'il respectera. Il fera la plus belle rencontre de sa vie..., la sienne. Oui, il aura peur ! Oui, il se débrouillera ! Eh oui, il devra se nourrir par lui-même, mais il se dira aussi : *« Si je suis ici aujourd'hui, ce n'est pas le fruit d'un seul être, mais de tous ces adultes qui ont cru en moi et qui sont mes pairs, de tous ceux qui ont eu confiance en moi et qui font par le fait même confiance à ce qu'ils m'ont appris. C'est maintenant à moi de mettre ces connaissances qu'ils m'ont transmises en pratique. »*

C'est bien de faire de grandes théories, mais il est encore mieux de les mettre judicieusement en application. Aujourd'hui, nous envoyons nos jeunes vivre leur initiation dans une colonie de vacances, encadrés par des animateurs chevronnés. Nos préados de 12 ans quitteront leur confort rassurant, mais quelque peu étouffant, pour partir en canot-camping, « déguster » quelques couleuvres ou des vers de terre et se faire dévorer par des moustiques assoiffés de sang. Certains vont même pleurer de ne pas retrouver leur confort, et pire encore, leur ordinateur et leurs jeux vidéo. Wow ! Je vous assure que « ça fait des enfants forts », ça, monsieur ! Sans oublier que plusieurs parents hésitent longtemps avant d'envoyer leurs petits surprotégés loin de chez eux ou simplement pour dormir chez un ami, de peur que...

Il faut se poser la question suivante: «*Achetons-nous la sainte paix en voulant à tout prix les endormir?*» Oui, je suis contre le Ritalin, même si pour certains c'est bon, tout comme je suis contre tous les produits ou médicaments qui ont pour effet d'engourdir les enfants et de les rendre trop souvent amorphes et inactifs.

À travers ma propre expérience de vie, et comme je vous l'ai raconté précédemment, j'ai pu constater que le meilleur «Ritalin» pour mon fils avait été sa relation avec son grand-père et avec la forêt. Marco était non seulement heureux en présence de son grand-père, mais il était aux anges. Et croyez-moi, les arbres de la forêt et tout ce qu'elle recèle en découvertes font d'un enfant qui s'y aventure pleinement, pour en apprivoiser les moindres beautés, un être humain qui possède du vécu. À vous de choisir ce que vous voulez lui offrir.

Chose certaine, je peux témoigner que cet enfant à qui on a demandé de rester tranquille, de toujours faire tout au même rythme que les autres, celui qui ne pouvait être différent, à qui on a fait rencontrer un psy et que ce dernier a affirmé qu'il n'éprouvait aucun problème; eh bien, cet enfant qui était toujours heureux est aujourd'hui ingénieur, et croyez-moi, c'est vrai qu'il était différent!

En fait, il demandait aux enseignants de se dépasser et d'avoir de la créativité, par exemple le jour où il leur a proposé ceci: «Au lieu de faire une dictée, si chacun de nous écrivait un chapitre différent, à la fin de l'année nous aurions composé un livre que nous pourrions vendre pour subvenir au financement de certaines de nos activités. » Mais voilà, ce genre d'intervention, c'est parfois trop pour un enseignant qui « dort debout... »

Oui, mon éducation a porté ses fruits et sans aucun doute, ma fille Mimi fut pour moi ma plus grande prof, celle qui m'a constamment remise en question sur ma façon de comprendre l'éducation et d'élever un enfant. Élever, qui signifie « porter vers », ce n'est pas l'abaisser, mais bien le porter vers son plus haut niveau d'être humain, celui que l'on atteint à travers ses propres expériences.

Un jour, on m'a demandé de participer à une émission sur les valeurs et j'ai été choisie pour animer le volet sur la confiance en soi. J'ai été la première surprise, car je n'avais pas confiance en moi, j'ai constamment douté de moi-même et j'étais souvent habitée par un sentiment de peur : la peur de l'échec, de ce que les gens vont penser de moi, de ce que je fais ou de la façon dont je le fais. Eh oui ! Je vous surprends ? Eh bien, c'était moi... et à l'occasion, c'est parfois un peu moi, encore aujourd'hui. Mais Dieu merci, j'ai appris !

Croyez-vous que le fait d'écrire ce livre a été une décision facile à prendre ? Eh bien détrompez-vous, il m'a fallu au moins 15 ans, si ce n'est pas plus. On m'a demandé d'écrire ma biographie, mais je ne voulais pas pour de nombreuses raisons. Aujourd'hui, j'ai une maman céleste qui comprend tellement mieux la vie, là d'où elle est. Je l'entends me dire : « Vas-y, ma belle Claire... Si tu savais ! »

Chapitre 6

LA VIE À L'ÉCOLE

L'école parvient-elle à garder nos enfants bien en vie ?

Il y a l'école de la vie et l'école de l'intellect. Chacune se veut un lieu d'apprentissage et d'expérimentation qui permettra à votre enfant de se découvrir, de déterminer sa capacité de mettre en pratique le savoir qu'on lui inculque et d'emmagasiner de nouvelles informations. Vous vous devez de l'avoir bien préparé.

De plus, hors du nid familial il découvrira sa personnalité, celle que perçoivent les personnes qui ne cherchent pas à le protéger, qui ne sauraient voir ses défauts ou qui ferment les yeux sur ses manques et idéalisent sa beauté et son intelligence. En réalité, l'école où il s'apprête à pénétrer dès la maternelle est celle de la vie, où ses pairs et la société entrent en jeu, mais où les professeurs ne trônent pas tous devant la classe à enseigner leur art ou à prodiguer leurs connaissances, certaines fondées sur leurs expériences personnelles.

En prendre et en laisser

Il faut savoir en prendre et en laisser... Qui aura de l'influence sur votre enfant ? Cette influence peut l'aider à mûrir, mais elle peut le détruire aussi parfois. Pourquoi la première journée de votre petit rejeton hors de la maison vous touche-t-elle autant ? Est-ce attribuable au fait qu'il quitte la maison pour la première fois pour une journée entière et qu'il sera dorénavant entre les mains d'autres personnes ? Craignez-vous qu'elles changent ce petit être que vous avez façonné avec beaucoup d'amour : votre petit chef-d'œuvre ?

Tôt ou tard, il vous faudra bien laisser à d'autres la chance d'examiner et de critiquer votre œuvre. C'est bien là le drame, puisque votre jeune ne sera jamais plus votre œuvre, mais la sienne propre qu'il sculptera grâce au vécu et aux expériences de vie de chacun, forgeant sa propre opinion de la vie. Oui, il changera, et parfois vous ne le reconnaîtrez même plus, mais sachez qu'il ne vous a jamais vraiment appartenu... Il a toujours été son propre chef-d'œuvre et il apprendra à se sculpter lui-même à l'intérieur de ces écoles.

Êtes-vous tiraillés, sur le plan des émotions, parce que, le jour de son départ vers de nouveaux horizons, vous perdez un certain contrôle sur sa vie que vous considériez comme une parcelle de la vôtre ? Cette réalité s'est évanouie : dorénavant, sa vie sera entre ses mains. Il arrivera parfois en morceaux ou très heureux et vous vivrez ses émotions comme les vôtres...

C'est pourquoi vous vous retrouverez dans des états auxquels vous n'auriez jamais songé... en proie à la colère, par exemple, parce qu'il aura terni votre image de parents modèles – par une simple note d'examen. Et lui, de ses grands yeux, ne comprendra rien à votre exaspération et il commencera à vouloir se surpasser pour vous et non pour lui… Il pourra aussi être très heureux d'avoir réussi tel exploit et il fera tout à coup votre fierté !

De qui tient-il ses talents ?

Un jour, alors que nous participons à une rencontre de parents, un directeur me demande :

« Votre fils est bourré de talents : piano, sports, dessin, tout ce qu'il touche lui réussit. De qui tient-il tout ça ?

– Mais de lui, voyons ! Le mérite lui revient ! »

Dépassé par la réponse, le directeur rajoute :

« C'est la première fois que l'on me répond ainsi.

– Dites-moi : si mon fils avait été un cancre, nous auriez-vous demandé de qui il tenait cette attitude d'être un écolier médiocre paresseux et nul ? »

Vous lui découvrirez des qualités et des forces que vous aviez sous-estimées, car il sera vu par des yeux différents des vôtres. Il sera peu à peu transformé par un élan de découverte qui le propulsera dans un univers qui lui sera propre. Et, petit à petit, il s'éloignera du nid familial et de vous, si toutefois vous avez la sagesse de le voir grandir, s'épanouir, se transformer et se distinguer de vous.

Guider sans attacher

À ce moment précis, vous aurez à jouer le rôle du vrai parent, qui guide, mais n'attache pas... Vous serez en mesure de voir si vous avez coupé le cordon qui le reliait à vous. Il s'agira alors de l'aimer et de le guider librement en admettant que l'école de la vie façonne son devenir. Cette école de la vie est le carrefour de toutes les personnes qui graviteront autour de votre enfant et que l'univers lui fera rencontrer.

Certaines d'entre elles ne feront que passer, d'autres le marqueront à vie. Il n'en tient qu'à lui d'apprendre et de saisir les occasions de vivre pleinement ; surtout, d'accepter de rester bien vivant, dans tous les sens de ce mot. Il suffit au départ d'un bon vouloir. Tout comme le cerveau a besoin de nourriture : plus votre jeune sera stimulé, plus il sera fier de connaître, d'expérimenter, de savoir... Et pour ses autres besoins ? Le corps requiert une nourriture vivante, énergisante, vitale, et l'exercice en est le dessert ultime. Il doit s'entraîner régulièrement et ne pas rester dans sa zone de confort, car à la ligne d'arrivée, « le pas de plus » fait souvent toute la différence.

La vie est ainsi faite. Il n'en tient qu'à nous, parents, de donner l'exemple et d'aider notre jeune à dépasser cette zone de confort qui fait que la loi du moindre effort ne prendra jamais la première place. On ne doit jamais jeter le blâme sur l'enfant, car il a dû apprendre et parfois il est plus facile d'enseigner la loi du moindre effort que le dépassement qui, lui, demande de ne jamais lâcher, de persévérer, de ne pas décrocher ; autrement dit, de ne pas faire l'école buissonnière de l'éducation parentale.

Encadrer sans étouffer

Peu importe l'école que vous choisirez pour votre enfant, retenez bien que son encadrement fera toute la différence : le temps de qualité passé en sa compagnie, la force de vous dépasser comme parents, d'être en mesure d'ouvrir les portes qu'il fermera par peur, par manque de confiance ou par démission. Petit à petit, il vous faudra ouvrir lentement les portes et les fenêtres de son existence afin de le guider de nouveau vers cet extérieur qui lui permettra de découvrir sa vie.

Très jeune, il devra faire face aux embûches qui se dresseront sur son chemin de vie, et il découvrira ce que vous-mêmes n'aurez peut-être jamais perçu. Oui, c'est cela la magie ! Il est différent de vous et c'est en cela qu'il vous émerveille. Pour ma part, c'est ce que j'ai toujours trouvé magique : voir nos enfants s'épanouir, tomber, se relever, créer, faire, refaire, réussir, échouer, essayer de nouveau, vaincre sa peur de l'échec et gagner.

Vous serez tout aussi heureux de voir la fierté dans ses yeux, lors de sa découverte, au fil du quotidien, de l'homme ou la femme en devenir qui prend forme. Peu à peu, sa compréhension de la vie, sa façon de voir les choses, sa soif de découvertes s'installeront et se définiront au fur et à mesure de ses expériences personnelles. Puis un jour, assis dans votre cuisine en écoutant discuter votre progéniture, vous vous apercevrez que vous avez accompli le plus beau des dépassements.

Aujourd'hui, quand je vois mes enfants, je me rends bien compte que je les ai menés à bon port et qu'ils ont constitué eux-mêmes leurs bagages de la vie au cours des ans. Quand je regarde à l'intérieur, je suis si heureuse de constater qu'ils n'ont rien oublié, et c'est ma récompense ! Ils ont pris tout ce qu'ils avaient à prendre de l'école, de la vie. J'ai devant moi trois êtres humains qui me fascinent parce qu'ils sont eux-mêmes et surtout parce qu'ils sont différents en tout ; or, c'est ce que j'ai toujours voulu. J'ai gagné mon pari avec la vie, ils sont uniques !

Le savoir-vivre

En tant que parents, vous êtes fiers de votre enfant. À la rentrée scolaire, vous êtes les premiers à dire que vous le connaissez, que vous avez passé six ans avec lui tous les jours et lui avez tout montré ; bref, qu'il est le reflet de ses parents. Pour quelle raison j'aborde cette question, vous demandez-vous ? Eh bien, il arrive que certains parents soient surpris de voir leur enfant le jour de la rentrée :

- pas le moindre merci ;
- pas de s'il vous plaît ;
- pas de respect ;
- pas de savoir-vivre ;
- avec des manières qui laissent à désirer ;
- employant un langage pas trop cultivé...

Parents, êtes-vous fiers de voir votre enfant vous imiter ? J'en viens au fait... Quelle est la première éducation, la base de tout être humain ? Je ne crois pas avoir à m'étendre sur le sujet, je vous sais assez intelligents pour avoir compris mon message. Il est temps de veiller à ce que la base soit enseignée à la maison avant son arrivée dans la société, car votre enfant, où qu'il soit, montrera d'où il vient. L'humain qui s'estime un tant soit peu pratique le savoir-vivre, le respect et la politesse. Le mot « tradition » vient du mot latin *traditio*, de *tradere* qui veut dire « remettre, transmettre » en somme, enseigner. La tradition permet à l'enseignement de suivre son parcours.

Pour le bonheur de notre enfant et le nôtre, quelle garderie choisir ?

Voici un témoignage que j'aimerais partager. Il s'agit des réflexions d'une maman sur le stress des parents devant le manque de places dans les garderies.

« Il y a en général une liste d'attente qui s'étale sur une période de deux à trois ans dans les garderies publiques qui sont financées par le gouvernement, et les parents ne peuvent inscrire leur enfant qu'après leur naissance (ce qui est normal).

« Considérant que les congés de maternité et parentaux durent au maximum un an (ce qui est déjà très généreux), on dénote vite un problème. Les parents deviennent rapidement inquiets lorsqu'ils apprennent qu'ils attendent un bébé, vu l'insuffisance de places en garderie. Alors, ils inscrivent leur enfant sur une multitude de listes d'attente, dans plusieurs garderies, en espérant un appel ! Lorsqu'une garderie les contacte, parce qu'une place vient de se libérer et qu'ils sont les prochains sur la liste, les parents inquiets sont en général peu sélectifs quant au « choix » de la garderie. Ils peuvent donc être appelés n'importe quand, de deux semaines à six mois avant la reprise du travail. Mais trop tôt n'est pas mieux que trop tard:

1. ***Trop tôt**: la maman a pris un an de congé de maternité en espérant avoir la chance de bien profiter de cette*

année avec son bébé et de lui donner le maximum avant sa reprise du travail. Si une garderie téléphone lorsque le bébé n'a que six mois, les parents, par peur de ne pas trouver une autre place, sautent sur l'occasion, car ils ne peuvent pas dire : « D'accord, mais dans six mois. » C'est maintenant ou jamais. Alors, on voit des bébés de six mois arriver dans les garderies quand le plan initial des parents était de les garder à la maison pendant un an. Il existe plus d'une histoire de ce genre...

2. ***Trop tard** : imaginez le stress intense de ne pas avoir trouvé de garderie un mois avant la reprise du travail. Le stress de reprendre le collier, de se séparer de son bébé, le changement de mode de vie, etc., voilà qui est déjà assez stressant en soi ! Dans cette situation, la femme (ou l'homme) ne sait même pas qui va s'occuper de son bébé ni même si quelqu'un peut s'en occuper. Imaginez !*

« Aussi, comme nous le mentionnions plus haut, les parents ne peuvent plus être trop capricieux ou exigeants lors du choix d'une garderie, à cause de cette pénurie de places. Et pourtant, l'individu moyen peut facilement mettre un mois à décider de la marque de voiture qu'il veut conduire et il visitera plusieurs concessionnaires avant de louer ou acheter son véhicule. Même chose pour les voyages, les appareils électroménagers, et j'en passe. Mais vu la situation dans les garderies, on doit envoyer cet être qui nous est le plus précieux au monde dans un endroit qui lui convient plus ou moins (on peut toutefois être chanceux, bien sûr).

« Donc, la garderie appelle, nous dit qu'elle a une place, on s'y rend une fois pour voir et on inscrit notre enfant tout de suite, car c'est la seule garderie à nous avoir contactés et on commence à travailler dans deux semaines... Bref, c'est ça ou rien. On a de la chance quand on a la possibilité de choisir entre deux garderies.

« Cette situation est épouvantable ! Et la question est tout aussi déchirante quand la maman a déjà un enfant à la garderie et donne naissance à un nouveau bébé. Elle voudrait bien que son plus vieux revienne à la maison avec elle, mais... voilà une autre chanson. Si elle le retire de la garderie, l'année suivante elle n'aura pas une place à chercher, mais deux... C'est assez pour dissuader la mère de faire une telle requête et décider le parent à laisser son enfant à la garderie pendant cette année-là. Je suis pour les garderies, mais j'estime qu'il n'y a quand même rien de mieux pour un enfant qu'une année passée à la maison avec son parent !

« N'ayant pas réellement le choix, il arrive qu'on inscrive l'enfant dans une garderie qui correspond plus ou moins à ce que nous cherchions et, aussitôt qu'une autre nous appelle, on le transfère. J'ai vu des enfants fréquenter trois ou quatre garderies en un an, car les parents en trouvaient toujours une qui semblait meilleure ou qui satisfaisait davantage aux critères souhaités. Je ferais la même chose dans cette situation et j'imagine que c'est mieux pour l'enfant de changer d'endroit si une garderie lui convient davantage. Mais comme ces enfants doivent se sentir perdus ! Organisons-nous, en tant que société, pour améliorer la qualité des services et diminuer les transferts forcés.

« D'autre part, je lève mon chapeau au personnel des garderies, qui arrive à faire beaucoup avec peu de ressources. Chaque éducatrice s'occupe de cinq ou six enfants en même temps, alors que la majorité d'entre nous démissionnerait d'épuisement après une seule semaine. Ces personnes sont carrément sous-payées. Leur travail est, à mon avis, l'un des plus importants de notre société. Elles s'occupent de la relève, donnent de l'affection et de l'attention de qualité à des enfants qui n'en ont pas toujours à la maison ou qui en ont besoin, puisque l'adaptation à la garderie est toujours

un peu brusque. Elles jouent le rôle de parent, d'infirmière, de psychologue, d'amie, de professeure, etc. On devrait leur en donner davantage ! »

ÉLISE

On se retrouve donc avec des parents qui consultent, qui cherchent la meilleure garderie, la meilleure école pour leur enfant. Sachez que la meilleure école est toujours celle de la maison, puisqu'elle est à la base de toute éducation et de tout savoir-vivre. C'est l'école des valeurs transmises et de la discipline apprise, et un enfant responsable est un enfant qui part gagnant.

Retourner sur les bancs d'école

On doit aussi se poser des questions : « *Pourquoi tant d'enfants ne se sentent-ils pas bien dans nos écoles actuelles ? Achetons-nous la paix en voulant les endormir à tout prix ?* » Si les enfants éprouvent certaines difficultés à s'adapter à l'école, c'est peut-être que les gens qui « pensent » nos écoles n'y connaissent rien ou presque ; peut-être sont-ils de bons administrateurs assis à leur bureau, mais éloignés de la réalité des enfants et des enseignants ! La personne qui n'a pas mis les pieds dans une école depuis plusieurs années est complètement dépassée. Elle devrait y retourner ou laisser le pouvoir de décision à ceux et celles qui ont l'expérience et les connaissances requises, et surtout le vécu d'une réalité.

Il ne faut pas avoir peur de réagir, de réclamer des réponses aux questions, de s'informer. Oui, mon éducation a porté fruit et, je peux vous assurer que mes enfants ont été pour moi, chacun à sa façon, de très grands maîtres.

J'ai appris avec eux la signification d'être parent. Il ne faut pas lâcher, car un jour, et croyez-moi ça arrive, ils vous remettront votre diplôme et vous serez heureux d'avoir relevé ce grand défi. Élever, porter vers, ce n'est pas abaisser, mais porter vers le haut, à son plus haut niveau d'être humain, celui que l'on atteint par le biais de ses propres expériences.

Aujourd'hui, en 2008, on ne peut plus définir le mot « enseigner » seulement par des mots. On doit s'appuyer sur une pratique réelle, une approche qui se veut beaucoup plus pertinente. On ne doit pas laisser la prise de décisions à des personnes qui ont le nez dans les livres et qui ne sont aucunement conscientes de la réalité quotidienne des enseignants. Peu importe le métier, on prône que les gens se mettent à jour, se recyclent...

Pourquoi les décideurs et les pédagogues ne devraient-ils pas, eux aussi, retourner sur les bancs d'école durant un an, faire de l'enseignement ? En plus de se mettre au parfum, d'être mieux informés du milieu scolaire, ils pourraient constater à quel point ils sont déphasés, du moins pas tout à fait en harmonie avec la réalité actuelle du système... Ils pourraient ainsi rencontrer des enseignants géniaux à qui ils pourraient accorder un peu de pouvoir décisionnel.

Faute de quoi, vous n'aurez d'autre choix que d'offrir à votre enfant une école où on lui demande de rester tranquille, de faire comme tous les autres enfants, au même rythme qu'eux. Au moindre écart, il sera soit placé dans une classe spéciale ou il sera dirigé vers un spécialiste... Je comprends bien aujourd'hui pourquoi nous sommes en manque de spécialistes. En fait, ça en prendrait un par enfant.

Le système fait des réformes qui sont rarement adaptées aux besoins des enfants. Je me souviens d'une émission que j'animais à Québec, *L'école des parents.* Nous y avions reçu des parents qui venaient nous parler de l'école à la maison, et des spécialistes livrant des témoignages sur le sujet. Bien que l'école à la maison ait été très contestée, ces parents nous avaient confié qu'ils avaient fait ce choix parce que leur enfant n'était plus le même depuis la rentrée scolaire. Il leur a donc fallu trouver pourquoi.

C'est ainsi qu'ils ont découvert que l'école elle-même était en cause. Ils ont donc mis la main à la pâte pour faire en sorte que leur enfant vive sa vie scolaire à la maison. Il y avait donc une partie éducative, ainsi que des sorties formatrices pour permettre à l'enfant de visiter des musées et des bibliothèques, de faire des tours de ville afin de connaître l'histoire de sa ville, du Québec, de son pays... L'État devrait se questionner sur la raison du parent et de son besoin de liberté de choisir l'éducation de son enfant.

Ne pas craindre le changement, car l'expérience est la plus grande enseignante

Il ne faut pas avoir peur du changement. On doit rester à l'écoute de ce qui se fait autour. Vous devez trouver ce qui est bon pour votre enfant et chercher l'école qui lui convient. Et je ne conseille à personne de ne se fier qu'aux rapports qui sortent dans l'actualité, ces évaluations ou ces cotes données aux écoles... Je trouve ça absurde. J'ai connu des écoles, telle celle de la Petite-Bourgogne (Montréal), qui y font piètre figure. Nous parlons pourtant d'une école extraordinaire qui accueille les élèves les plus démunis ; elle ouvre aussi ses portes à de nombreuses ethnies, des jeunes qui ne parlent pas le français, mais qui l'apprennent rapidement.

Cette école est pensée en fonction des élèves et non en fonction du ministère qui, lui, semble très loin de la réalité. À la fin de l'année, ayant la cote ou pas, tous sortent gagnants. Les jeunes vivent dans un environnement où les professeurs se surpassent constamment, des professeurs qui sont toujours à la recherche de moyens pour les aider même si leur budget fait défaut. Ce qui est triste, c'est que personne ne reconnaît leurs efforts ou ne les aide à porter le flambeau de l'effort et du succès : on leur attribue plutôt une note inférieure. L'horreur...

Dans ma bulle

Je vous invite à aller voir *Dans ma bulle*, le projet du Dr Gilles Julien, de son équipe et de sa fondation pour la promotion de la pédiatrie sociale, dont la mission est d'amasser des fonds auprès des entreprises et de la population, d'en assurer la saine gestion et la redistribution équitable pour le développement, la protection et la stimulation des enfants les plus vulnérables de notre société.

Sur le site Web www.dansmabulle.org, qui vous incite à prendre connaissance d'une réalité surprenante, et surtout de l'énorme travail et de l'effort accomplis par les enseignants et leurs projets, on découvre que l'école est un lieu d'épanouissement. Vous pouvez immédiatement donner un coup de pouce à des projets de classes enthousiasmants et propices à l'essor des enfants. Car la bulle de chacun ne doit pas être une prison.

La détresse des enfants est parfois difficile à percevoir. Il faut de la sensibilité et un grand amour des enfants pour reconnaître leurs colères, leurs peines, et la façon dont ils les expriment. Nos perceptions sont souvent trompeuses et teintées de craintes inutiles ou même de désintérêt flagrant qui ne font qu'alimenter cette incompréhension. *Dans ma bulle* propose plusieurs pistes de solutions pour accompagner et soutenir les enfants et leur famille dans la résolution de problèmes, en basant l'intervention sur la collaboration entre les divers intervenants et la famille.

L'enfant connaît de nouveaux milieux

Lors d'une émission présentée au Canal Vox que j'ai conçue, *Quoi d'neuf Charlemagne ?*, et dont on ne m'a jamais alloué le crédit, je voulais montrer toutes les belles choses qui se faisaient dans les écoles et dont on ne parlait jamais. Je voulais faire place à l'initiative des enseignants et au partenariat parents-enseignants-élèves. J'ai vu des projets fort intéressants :

- une garderie dans la Beauce où les enfants avaient leur propre chambre noire et y développaient leurs photos, grâce à un papa photographe qui donnait un coup de main.
- une école qui, avec les élèves, avait organisé un voyage auquel tous les enseignants avaient participé :

- prof de maths : préparation du budget en fonction des dépenses ;
- prof de français : préparation du dépliant et de tous les textes ;
- prof de géographie : choix de l'endroit et du trajet ;
- prof d'histoire : recherche historique ;
- prof d'arts plastiques : création du passeport et fabrication de la valise et des documents photos.

Tout au long de l'année, professeurs et élèves y mettaient tout leur cœur.

À la découverte de nouvelles formes d'enseignement

Les jeunes ont aussi besoin d'exemples positifs à suivre. À l'école, pour les motiver, il faut les entourer de gens motivés et soucieux de capter leur attention, de stimuler leur intérêt. Il existe des écoles où l'énergie et l'imagination sont toujours au rendez-vous, des écoles où les élèves, comme les professeurs, sont motivés et encouragés.

Combien de fois ai-je vu les gens du ministère de l'Éducation détruire leur motivation ou refuser leurs projets ? De plus, je suis témoin de personnes du milieu qui ont été engagées pour travailler dans des comités pour donner des conseils, et le ministère ne prenait même pas en considération leurs suggestions. Donc, ces gens-là ressortaient frustrés d'avoir participé à ces comités !

Je me souviens que, lors de mon émission sur l'éducation, j'avais proposé de lancer un appel à des élèves afin qu'ils présentent en ondes leur professeur favori, nous le décrivent et disent pourquoi il était aussi apprécié. Par la suite, ce « prof-vedette » aurait été invité à partager, avec les auditeurs et ses pairs, ses propres trouvailles et de petits trucs qui ont contribué à lui valoir cette appréciation de ses élèves. Le but visé était de créer une dynamique de motivation axée sur le renforcement positif. Croyez-le ou non, j'ai essuyé un refus catégorique du ministère touché. J'ai osé en demander la raison. La réponse a été hallucinante : « C'est non, madame Pimparé, parce que vous allez créer de la jalousie entre les professeurs. »

Voici deux témoignages d'écoliers qui voulaient souligner le travail d'un de leurs professeurs :

Mon instructeur, un grand homme

Je m'appelle Marie-Josée et je désire rendre hommage à mon instructeur de karaté, maître Daniel Gauthier, ceinture noire 6e dan. Pendant plus de 15 ans, et encore aujourd'hui, tu m'as enseigné – avec patience et passion – le dépassement de soi et la persévérance. J'étais une jeune adolescente timide et je suis devenue plus sûre de moi : c'est grâce à toi. Merci pour les grands enseignements que tu m'as transmis, merci pour la sagesse que tu m'as insufflée. Merci d'être celui que tu es, c'est-à-dire un grand homme que j'admirerai toujours.

Mon professeure Lumière

Je me prénomme Christine et je veux rendre hommage à Jacqueline Goulet. Jacqueline, vous avez été la première parmi mes professeurs à déceler mon potentiel. Vous m'avez aidée à améliorer mon sort en me faisant part de vos observations ayant trait à mes possibilités, en me motivant à agir par moi-même et en intercédant pour moi auprès de la directrice de l'école afin de permettre mon passage du cours général au cours scientifique au beau milieu de l'année scolaire. Merci d'avoir été une lumière dans la nuit de mon adolescence.

Mettre en valeur ce qui est beau

Les enfants adorent relever des défis et ressentir la fierté d'appartenir à un groupe ; c'est ce qui les motive à participer à toutes les activités et à s'impliquer. Il faut toutefois que les personnes de leur entourage soient énergiques et vivantes, pas éteintes. Dans cette même émission, au cours de mes recherches, j'ai vu défiler des projets merveilleux qui auraient pu venir en aide à des écoles, mettant en relief leurs idées originales et éducatives. J'ai croisé des professeurs et des élèves extrêmement talentueux qui étaient dignes d'avoir toute l'attention du public.

En fin de compte, j'ai constaté avec dépit que cette émission n'était pratiquement vue par personne... C'est comme si ce qui fait du bien était moins populaire que ce qui va mal. Pourtant, je crois encore aujourd'hui que de montrer ce qui se passe de beau et de bon dans la vie de plusieurs écoles ne pourrait que motiver les troupes à faire de même, à croire que c'est possible... Mais bon !

Porte-parole des jeunes plus d'une fois, j'ai été témoin de tous les efforts qu'ils déployaient pour réaliser de belles et grandes choses, et plus d'une fois j'ai assisté à des spectacles où de trop nombreux parents brillaient par leur absence. J'ai aussi rencontré des professeurs qui auraient mérité cent fois qu'on leur retire leur droit d'enseigner... Mais Dieu merci, j'ai aussi rencontré des profs géniaux, des génies de l'enseignement qui, beau temps mauvais temps, redonnaient à leurs élèves le goût de se battre pour aller de l'avant, de relever des défis, de retrousser leurs manches et de réussir. Ainsi va la vie.

Quand un jeune a la chance de rencontrer de ces professeurs qui l'incitent à se dépasser, il peut plus facilement comparer, se faire sa propre idée, développer ses propres goûts, apprendre à choisir, valser avec le changement et l'inconnu. Autant d'atouts pour son avenir !

Restez toujours à l'écoute...

Votre enfant est-il heureux ? En tant que parents, vous avez la capacité de déceler chez lui une perte d'intérêt. Il vous suffit d'être à l'écoute et d'apporter des changements pour redonner au jeune le goût de s'investir, de raviver son état d'esprit, son attention, sa curiosité là où vous les voyez faiblir. Le changement est parfois bénéfique et pas si compliqué à obtenir : soyez imaginatifs ! Consultez et demandez. Examinez avec votre jeune ce qui, selon lui, a suscité cette baisse de motivation.

Pour ma part, à chaque période intensive d'étude en vue de réussir les examens, je partais avec mes enfants pour leur remonter le moral. On allait renouveler une partie de leur matériel: crayons, gommes à effacer, nouveau style de cahier, etc. Peu à peu, la motivation revenait et ils retrouvaient le goût de faire leurs résumés et d'étudier pour leurs examens.

Pourquoi pas une fin de semaine d'étude en plein air? Et si une période plus creuse survenait, pendant laquelle vous ne disposeriez pas des moyens financiers pour que chacun de vos enfants fasse une sortie, demandez à tout le monde de choisir un projet et mettez l'ensemble des idées sur papier, dans une boîte. Une fois par semaine, on pige un projet qu'on réalise ensemble. À la prochaine rentrée d'argent, on en pige un autre. Tout le monde est ainsi motivé!

Un enfant épanoui, ça se remarque. L'enfant veut-il vivre de nouvelles expériences? C'est sa vie, après tout! Alors soutenez-le. Il existe des échanges, il existe maintes façons d'apporter du changement dans la vie de l'enfant qui semble frappé par la démotivation. Les gens craignent trop souvent le changement. On essaie de se caser une fois pour toutes et on ne veut plus bouger. On joue fréquemment à l'autruche, on s'enfouit la tête dans le sable parce qu'on ne veut rien changer! Être vivant et garder son enfant vivant, cela demande de l'énergie.

Des idées pour parent positif

Un jour, mon fils Marco est rentré de l'école en pleurant. Le genre de sanglots qui arrachent le cœur d'une mère. Je lui demande ce qui se passe, et moi qui ne manque pas d'imagination, j'imagine le pire. Du haut de ses sept ans, il me dit avoir passé une demi-heure dans le corridor. Le drame de sa vie... Je lui demande ce qu'il avait bien pu faire de si grave. «J'ai dérangé le professeur», me dit-il. Je réfléchis, le prends sur mes genoux et le calme en lui laissant le temps de m'expliquer son chagrin. Je l'écoute attentivement. Il me dit:

«Le pire, c'est que j'ai un mot à te faire signer.

– Pourquoi, d'après toi, ton professeure te demande-t-elle de me faire signer ce mot?

– Parce qu'elle veut que tu sois au courant de ce que j'ai fait.»

Bonne déduction!

«Bien, vois-tu, je n'ai pas eu besoin du mot, tu me l'as dit toi-même. C'est pour ça que j'ai confiance en toi.»

Je me lève, je vais chercher un calendrier et je lui montre que l'école est commencée depuis près de trois mois. Nous avons donc fait un soleil tous les jours d'école où il n'y a pas eu de mots à me faire signer et nous avons dessiné un nuage pour la journée qu'il venait de vivre. En voyant ainsi le calendrier rempli de soleils, il a pu apprécier le magnifique travail qu'il avait accompli depuis le début de l'année et se percevoir comme un bon écolier. Je lui ai expliqué que personne n'est parfait, que tout le monde commet des erreurs de parcours, son père aussi bien que moi, et que l'on apprend de ces erreurs.

J'ai apposé ma signature sur la note et j'ai donné aussi le calendrier à mon fils pour qu'il les remette à son enseignante en lui demandant gentiment de bien vouloir, à l'occasion, souligner le bon travail de Marco par un petit mot à faire signer. Voilà une belle occasion de créer un lien de confiance et de compréhension avec son jeune.

L'enfant qui se sent compris et non jugé effectue un grand pas dans son estime de soi. Et l'enseignant comprend qu'il fait beaucoup de bien à son élève – et à ses parents – lorsqu'il souligne également le bon travail.

Un parent guide est un parent complice

Après les parents, le professeur est souvent la troisième personne significative à entrer dans la vie de l'enfant. Qui est-il, au juste ? Le « bon » professeur, le pédagogue dans l'âme marque un enfant à vie. On devrait souligner son travail haut et fort. L'enseignant est-il animé par le feu de la passion ? Aide-t-il l'enfant à développer son potentiel, sa fierté, sa confiance en lui ? Il le devrait.

Nous avons tous connu un prof qui avait le feu sacré et qui a influencé à jamais et empreint de sa touche particulière notre destinée. Avec lui, on ne se sentait jamais rejeté, on gagnait de la confiance en soi. Cet enseignant n'humiliait jamais personne et cherchait constamment à encourager ses jeunes. Il comprenait, par je ne sais quel moyen, qu'un de ses élèves traversait une journée difficile. Il n'hésitait pas à lui donner une petite marque d'affection, un signe d'encouragement grâce auxquels l'élève se sentait apprécié. Un enseignant de ce type habite longtemps le cœur et la mémoire de ses protégés.

Mon fils Marco était inscrit à l'école secondaire du Mont-Sainte-Anne, un collège pour garçons. Il est bon pour de jeunes hommes en devenir de se retrouver avec leurs pairs. En effet, les gars apprennent différemment des filles et c'est loin d'être vieux jeu... Eh bien, ces jeunes garçons applaudissaient Nelson, leur professeur d'histoire, lorsqu'il entrait dans la classe.

Mon fils Dominic a aussi eu la chance de connaître ce genre d'enseignante très tôt dans sa vie. Je vous la présente afin de lui rendre hommage et de la remercier de ses bonnes actions d'éducatrice.

Une prof pas comme les autres

C'est la première journée scolaire de Dominic, le petit homme, l'aîné de la famille, le premier à nous apprendre notre rôle de parents – celui-là même qui montrera à la terre entière combien nous sommes de « bons parents ». « Regardez notre fierté, regardez : nous sommes de bons parents, notre enfant en est la preuve vivante ! » Grande et grosse responsabilité pour un enfant, et surtout pas celle qu'il devrait assumer à cet âge...

Louise Vigneault se présente à nous. Il s'agit de la première enseignante pour « mon » enfant ; la première aussi, pour moi, en tant que parent. J'étais heureuse que mon fils ait une enseignante mature, sûre et confiante. Je voyais qu'elle connaissait non seulement l'enseignement, mais également la nature des petits êtres humains qui, pendant près de 28 ans, avaient défilé dans sa classe. « Eh oui, dira-t-elle, cette année encore j'ai les enfants de ceux à qui j'ai déjà enseigné. Ça ne me rajeunit pas ! » Elle était douce ; en même temps, on sentait clairement qu'elle ne devait pas répéter deux fois la même consigne. Sévère ? Oui, et peut-être que non. Chose certaine, elle savait se faire comprendre rapidement. Le message qu'elle nous a livré ce soir-là est resté à jamais gravé dans ma mémoire :

« Vous serez toujours les bienvenus dans ma classe. Moi, par contre, je n'irai pas chez vous. J'ai beaucoup de respect et d'admiration pour le travail de parents. Je respecte votre environnement, votre façon de faire et votre façon d'élever et d'éduquer votre enfant. Je vous demande d'en faire autant avec moi. J'aurai cependant besoin de la connaissance que vous avez de votre enfant, car c'est ensemble que nous pourrons l'aider à devenir responsable. Nous en avons toujours à apprendre. Je vous demande donc de me faire confiance et surtout de respecter ma façon de faire.

« L'expérience que j'ai acquise depuis près de 28 ans a du bon. Permettez-moi de vous l'offrir. Je prendrai d'ailleurs ma retraite très bientôt et sachez que si j'avais le choix, je referais ce merveilleux travail, celui de donner aux enfants tous les outils dont ils ont besoin pour découvrir le potentiel et les ressources qu'ils possèdent en eux. Et si jamais, par malheur, j'étais en présence d'un enfant qui ne croyait pas les avoir [et elle sourit], sachez que j'ai plus d'un tour dans mon sac. Vous serez vous-mêmes surpris de découvrir les talents et les forces cachées que votre rejeton possède.

« Qui viendra s'asseoir sur les bancs d'école ? Voici quelques questions clés que j'aimerais vous poser : qui vient dans ma classe en 1re année ? Est-ce vous ou votre enfant ? Qui aura des devoirs et des leçons à faire ? Qui devra prendre ses responsabilités ? Qui recevra le bulletin à la fin de l'année ?

« J'imagine que vous avez tous nommé votre enfant, du moins je l'espère.

« Ça peut paraître drôle, mais j'ai vu des parents trembler et avoir le cœur gros ou, à l'inverse, m'insulter et être agressifs lors de la remise du bulletin. Pourtant, ce n'était pas leur bulletin. Qu'est-ce qui se cache en eux pour qu'ils aient une telle réaction ? Comment pourraient-ils prendre le recul nécessaire pour discuter avec l'enseignant et, en même temps, trouver des astuces pour améliorer le travail accompli par l'enfant ? Plus grave encore, comment l'enfant se sentira-t-il à la vue du drame que ses parents vivent à cause de lui ? Il pensera : "Je suis la honte de mes parents, je suis la cause de leur peine, ils ne sont pas fiers de moi, je suis nul, etc."

« Donc, lorsque j'assigne des travaux et des leçons à Julien, Dominic, Jade, Marco et Myriam, c'est bel et bien à eux que je les attribue. En classe, je prends le temps de leur expliquer les tâches à accomplir, je leur indique comment s'y prendre et je m'assure qu'ils ont bien compris. Quand ils quittent la classe, ils doivent assumer une responsabilité et je dis bien que c'est "la leur", pas "la vôtre". Cette responsabilité est à la hauteur de leurs capacités.

« Viens, je vais t'aider... »

« Mais croyez-le ou non, dès leur arrivée à la maison, le parent désireux de bien faire, de façon consciente ou non, va poser toutes sortes de questions :

– Montre-moi ce que tu as à faire.

– Comment ça a été avec ta prof ?

– T'es-tu fait de nouveaux amis ?

– As-tu mangé ton lunch ?

« En l'assaillant ainsi, il y a fort à parier que vous n'aurez aucune réponse.

« Laissez-le respirer... Laissez-lui le temps de vous raconter. Laissez-lui le plaisir d'avoir son univers à lui. Laissez-lui le droit, à partir de ce jour, d'être lui-même.

« Il n'est pas votre copie conforme, il est lui-même et sa personnalité est en devenir. Dorénavant, il vivra avec ses pairs dans une microsociété, et bien que je partage votre avis à savoir que ce ne sera pas toujours facile à vivre, c'est ainsi ! C'est avec cette microsociété qu'il devra apprendre à composer. Il apprendra certaines vérités de ses pairs et encore ce ne sera pas toujours facile : "Tu es trop gâté, tu es différent, tu prends trop de place, tu parles tout le temps, tu as les dents sales", etc.

« D'autres lui demanderont : "Veux-tu être mon ami ?" C'est là qu'il va se questionner : "Qui suis-je et quelle place est-ce que je veux prendre ? Suis-je patient ? Pourtant, maman me dit que je suis son amour. Peut-être que je ne suis pas aussi gentil que papa le dit. Pourquoi suis-je timide ici ? Pourquoi ai-je peur ?" C'est à lui de répondre à ces questions. Cela fait partie de son expérience.

« Et lorsque je donne un devoir à votre enfant, je lui confie une responsabilité qui lui revient. S'il oubliait de faire ce que je lui ai demandé, s'il ne le faisait pas correctement ou pas du tout, le lendemain, en classe, JE verrais à corriger cette situation : c'est mon rôle.

« Le premier mois, nous sommes en apprentissage, celui de se prendre en main. Je vous entends me dire qu'il est normal que vous vérifiiez ses devoirs et tout le reste. Oui, mais il y a une différence entre "As-tu fait tes devoirs ?" et "Assieds-toi, nous allons faire tes devoirs." C'est le "nous allons" qui n'a pas sa place... Il y a des

parents qui non seulement font les devoirs pour que tout soit bien fait, mais pour que je sois fière non pas de l'enfant, mais d'eux en tant que parents. Au lieu de l'aider à avancer, vous le faites reculer. Vous lui démontrez son incapacité à faire les choses par lui-même. Vous lui montrez que vous n'avez pas confiance en lui et qu'il ne peut faire correctement son devoir tout seul. Devrais-je plutôt dire : le faire à votre façon ?... Ainsi, au fil des ans, l'enfant attendra toujours que quelqu'un fasse les choses à sa place.

Je sais que tu peux le faire

« Vous vous demandiez pourquoi certains enfants n'ont pas une grande estime de soi. Tout débute par : "Je sais que tu peux le faire et j'ai confiance en toi."

« J'ai vu des devoirs tellement bien faits que j'ai retourné le travail du parent avec une note à la mère et une autre à l'enfant...

« À la fin de l'année, vous serez heureux de voir votre enfant accomplir ses tâches par lui-même et s'adresser à vous de la sorte : "Veux-tu me demander mes leçons, maman ? J'écris mes leçons parce que je suis un visuel et je les retiens mieux." Laissez à votre enfant le bonheur et la fierté de découvrir qu'il progresse seul. Votre présence et votre soutien sont primordiaux, à l'égal de votre encouragement et de votre amour inconditionnel. »

Louise enchaîne : « *Mes chers parents, je vous annonce que je partirai avant Noël, trois jours avec vos enfants, en classe nature. Voici la liste des choses que votre enfant doit préparer, l'endroit où vous les procurer et toutes les informations pertinentes. Je fais toujours ce voyage avec mes élèves en début d'année, car j'ai envie de faire la connaissance de ceux et celles qui partageront mes journées durant toute l'année : découvrir leurs peurs, leurs talents, leurs forces ; apprendre à connaître mes plus timides comme mes petits bouffons, afin de respecter ces enfants comme ils le méritent. Ainsi, se développeront entre nous une confiance, un respect, une discipline ainsi qu'une amitié vraie.*

« Je vais travailler avec chacun d'eux en respectant leur rythme, mais soyez assurés qu'à la fin de l'année nous arriverons tous à bon port ensemble. Vous recevrez alors une invitation à découvrir tout le travail accompli par votre enfant. Vous verrez dans ses yeux le respect, la fierté et l'estime de soi qu'il aura développés. Et il vous remerciera de lui avoir fait confiance dans les bons comme dans les moins bons moments. Il aura fait avec succès sa toute première année, durant laquelle vous lui aurez permis de grandir seul et de forger sa personnalité avec ses pairs. Oui, il aura changé : il sera un petit homme tout nouveau ou elle sera une petite femme toute nouvelle, prête à affronter une deuxième année avec confiance. Voilà, mon devoir sera accompli. »

J'avais des ailes quand je suis sortie de cet entretien agrémenté du discours... J'étais si heureuse. Mon fils avait une chance inouïe et il m'incombait d'apprendre avec l'appui de cette grande dame que la vie avait placée sur mon chemin.

Louise était un ange. Elle donnait à ses élèves le goût d'apprendre : apprendre à connaître leur potentiel, leur estime de soi, à éveiller leur curiosité. Elle savait utiliser les forces de chacun et les mettre en valeur. Dans sa classe, personne ne criait : elle parlait toujours à voix basse. « Si vous ne voulez pas que vos enfants crient à la maison, ne criez pas après eux... Ils vous imitent. »

À la fin de l'année, nous avions de petits hommes et de petites femmes gonflés d'espoir, d'estime de soi et de confiance en eux. Les parents que nous étions ont aussi beaucoup appris... Entre autres, à cesser de faire les choses à la place de nos jeunes et à reconnaître leur débrouillardise. Nous devons les accompagner et les outiller afin qu'ils puissent avancer seuls dans la vie et être armés pour faire face à l'adversité, beau temps mauvais temps, un peu comme l'oisillon que la mère pousse en bas du nid pour qu'il apprenne à voler de ses propres ailes.

Nous devons apprendre à trouver un juste équilibre dans notre rôle d'éducateur ou d'éducatrice. Faire les choses à la place de l'enfant amenuise sa confiance en lui, influe sur son estime de soi, tout comme la surprotection nuit à son développement.

Le « moins bon » professeur

Le moins bon professeur, qui n'a pas à cœur de veiller à l'épanouissement des jeunes dont il est responsable, marque aussi l'enfant à vie ! Le professeur qui a perdu la passion devrait avoir la maturité de se retirer pour ne pas tout détruire sur son passage. Nous devrions revoir les modèles actuels, former des comités pour toujours évaluer les professeurs, car ce sont eux qui façonnent la future société. L'avenir est entre leurs mains !

Malheureusement, il y a des professeurs à qui il faudrait retirer le permis d'enseigner. J'ai connu de génération en génération ce genre d'enseignant dont chaque élève, au sortir de sa classe en fin d'année, disait : « S'il te prend en grippe, tu es cuit, tu en as pour l'année à subir ses remarques négatives... » Sauf qu'un parent à l'écoute est en mesure de déceler ce genre de personne et il pourra réagir avant qu'il ne soit trop tard.

Tel est pris qui croyait humilier

J'ai eu droit pour ma part à ce genre de prof dans ma vie personnelle, alors que j'avais décidé d'aller à l'école anglaise. Je me retrouve donc en troisième année dans une école anglaise alors que je ne connais pas un mot de cette langue... C'est un choix de vie ! En plus, je tombe sur un prof qui, pendant les trois premiers mois, chaque fois qu'il en a la chance, me ridiculise et rit de moi. Toutes les fois que nous avions une rédaction, il choisissait la mienne et il se consacrait à cœur joie à l'exercice de m'humilier. Je le détestais et j'avais tellement de peine.

À Noël, j'ai pris la décision de retourner à l'école française. Mais avant de quitter cette école, je voulais qu'il subisse la même humiliation. J'ai fait traduire la dernière rédaction par mon père. Je savais aussi que le directeur serait en classe et que le professeur ingrat choisirait ma rédaction. Mais là, je l'attendais de pied ferme !

Lorsqu'il a entamé sa lecture, il a bien vu que non seulement mon devoir était très bien écrit, mais que je lui disais aussi – en anglais – tout ce que je pensais : que je ne comprenais pas pourquoi, alors qu'il aurait pu m'enseigner sa langue, il avait fait tout le contraire.

Pour agir de la sorte, il ne devait pas beaucoup aimer sa langue maternelle... Ainsi, il pourrait se rappeler combien il avait été un piètre professeur pour moi, et savoir que si un jour je parlais anglais, ce ne serait sûrement pas parce qu'il me l'aurait appris. Une fois la lecture terminée, je me suis levée et je suis partie. Le directeur était en furie et le prof humilié à son tour.

Une enseignante indigne de l'être

Une enseignante de mon fils Marco avait acheté un magnifique lapin de Pâques, qu'elle voulait remettre à un élève méritant pour les qualités suivantes: devoirs bien faits, bonnes notes, sage en classe, etc. Donc, chaque fois que l'enfant brillait ou se démarquait, il recevait un billet sur lequel il inscrivait son nom puis il le déposait dans la boîte du tirage. Par conséquent, plus l'enfant agissait correctement, plus il avait de billets dans la boîte et de chances de gagner.

Quand vint le moment du tirage, l'enseignante a brassé la boîte et pigé un nom. Mon fils était l'heureux élu ! Elle l'a alors regardé droit dans les yeux, tandis qu'il était debout, tout content de gagner le gros lapin de Pâques, et devant tout le monde elle a mis le billet de côté et lui a dit: « Ah ! non, pas toi, tu ne le mérites pas. » Une fois de retour à la maison, il était triste et, surtout, il ne comprenait pas pourquoi il avait déployé tant d'efforts pour rien et pourquoi elle avait été si méchante avec lui.

Mon fils aîné s'est présenté en classe avec Marco et un ami qui, tenez-vous bien, avait déjà été dans sa classe et, tout comme Marco, avait été pris en grippe par ce même professeur. Mon plus vieux est allé lui dire ce qu'il pensait de sa façon d'agir. Il lui a dit: « Si vous ne vouliez pas qu'il gagne ce prix, vous n'aviez qu'à retirer son nom discrètement. Mais non seulement vous ne vouliez pas qu'il gagne, vous vouliez l'humilier. »

Prise en flagrant délit d'injustice, l'enseignante a voulu lui donner des chocolats en s'excusant, mais Dominic a répondu : « Nous ne sommes pas venus pour les chocolats, j'espère que vous en êtes consciente : c'est votre attitude que je déplore. » Ce qui rendait la situation encore plus spéciale, c'est qu'elle reconnaissait celui à qui, jadis, elle avait réservé le même sort. Il n'a pas dit un mot, la regarder suffisait.

Cette enseignante est celle qui a suggéré que Marco voit un psychologue ; c'est aussi elle qui n'avait pas retenu l'idée qu'il avait proposée, d'écrire un chapitre chaque semaine pour en faire un livre... Je suis certaine qu'en lisant ces lignes, madame, vous vous reconnaîtrez. Sachez que Marco est ingénieur et qu'il n'a jamais pris de Ritalin. De plus, le psychologue a dit qu'il n'avait aucun problème. Donc, j'espère que vous avez pris votre retraite très tôt, car vous avez été indigne de votre mission dans ce cas précis. Dieu merci ! Marco avait une force morale à laquelle vous ne sauriez faire contrepoids.

Quand l'école est synonyme de plaisir

Une année d'école pour Marco, qu'il considère comme une « année de vacances », nous l'avons vécue à l'école Rudolf Steiner (Waldorf) de Montréal... C'est pourquoi je vous la présente.

Lorsque j'étais au Conseil supérieur de l'éducation du gouvernement du Québec, je me souviens qu'un membre mentionnait l'existence, en Allemagne, d'une pédagogie fort intéressante. Il précisait que nous gagnerions à aller voir ce que nous pourrions y apprendre. C'est alors que j'ai déclaré qu'il n'était pas nécessaire d'aller en Allemagne, car cette pédagogie était présente au Québec, à l'école Rudolph Steiner, que mon fils Marco avait eu le bonheur de connaître, y vivant les plus merveilleux moments de sa vie.

Voici la philosophie de ce magnifique établissement: « On ne peut pas dresser quelqu'un d'autre pour qu'il devienne éducateur, d'abord parce que chacun de nous en est un. Il y a dans chaque être humain un éducateur, mais il dort. »

L'Institut Rudolf Steiner au Québec est un centre de formation pour renouveler l'art de l'éducation. Le programme de formation pédagogique vise avant tout à développer les facultés qui font du professeur un être libre et créateur, capable d'initiatives qui répondent aux vrais besoins des enfants, c'est-à-dire éclairées par une compréhension profonde de l'être humain, de son devenir, de ses rapports avec le monde et l'histoire, conformément au développement concrétisé par le penseur Rudolf Steiner.

L'enfant participe, entre autres, aux ateliers suivants: modelage, dessin, peinture, sculpture, musique, chant, art de la parole, théâtre, gymnastique Bothmer[7] et dynamique spatiale, enfin eurythmie.

---

7. Selon cette gymnastique, le corps humain se déplace sur trois plans: le plan frontal ou vertical (devant-derrière), le plan horizontal (haut-

L'enfant est reconnu dans ce qu'il a d'unique ; le plan scolaire est riche et ouvert à la créativité, les progrès des élèves dans toute la palette des dons humains sont louangés avec une certaine discrétion. Les élèves sont engagés à entrer dans la vie avec assurance, respectueux de tout ce qui vit et conscients de la tâche que le monde attend d'eux.

Prendre sa place ou abdiquer ?

Que doit faire le parent quand il constate que le professeur de son enfant n'agit pas correctement ? Il doit surtout réagir ! Il est important que les parents forment un front commun en tant que couple, tout comme il est important qu'ils fassent aussi front commun en tant que parents d'un groupe d'enfants aux prises avec une telle expérience. Tous les parents doivent assumer leur rôle, se positionner, oser s'affirmer, oser remettre en question le système...

L'enfant ne doit jamais être pris en otage. Après tout, le parent n'est-il pas l'être humain le plus important dans la vie de l'enfant ? C'est lui le maître à bord...

J'ai fait un exercice, en début d'année scolaire, avec de jeunes enseignantes. Le but était d'établir une bonne

---

bas) et le plan sagittal (gauche-droite). L'objectif de cette technique est d'amener les participants à l'équilibre de ces trois plans. De plus, à l'intersection de ces plans, dans la cage thoracique, se situe le « moi », centre de l'espace individuel. Ressentir ce point focal va amener la personne à davantage d'unité et de sécurité. La méthode comprend une trentaine de mouvements précis. Elle s'adresse aux enfants, aux adolescents et aux adultes.

relation et une bonne collaboration entre parents et enseignants. Voici ce que je leur ai conseillé :

- Lors de la première rencontre avec les parents, leur permettre de s'asseoir sur une chaise d'adulte et non sur la chaise d'un enfant qui ne mesure même pas un mètre.

- Le parent étant parfois fébrile la première année, je propose que l'enseignant dise aux parents : « Vous connaissez votre enfant depuis six ans et moi, depuis seulement quelques jours. J'aimerais que vous me le présentiez :

  - Ses qualités, ses défauts...
  - Est-il un leader ?
  - Est-il timide ?
  - Quelles sont ses craintes, ses peurs ?
  - Qu'est-ce qu'il aime ?
  - Qu'est-ce qu'il déteste ?

En agissant ainsi, le professeur reconnaît qu'il a besoin du parent pour bien guider l'enfant. En apprenant que ce dernier est timide, il y a de fortes chances que le professeur ne lui demande pas de parler devant la classe dès la première semaine. Par la suite, le professeur peut poser les mêmes questions à l'enfant et cela devient alors intéressant...

Lors de la deuxième rencontre, à la remise des bulletins, vous pouvez comparer ce que le parent vous avait dit de son enfant avec ce que vous remarquez quant à son comportement en classe. C'est vraiment amusant de voir la différence. « Vous m'avez dit qu'il était timide... Pourtant, il est toujours en avant de la classe ! »

En établissant ce genre de collaboration au début de l'année, parents et professeurs ont beaucoup plus de possibilités d'aider l'enfant à s'épanouir pleinement et à vous surprendre de jour en jour dans ce nouvel environnement où il apprendra à interagir avec ses pairs. De plus, vous allez réaliser que, petit à petit, votre présence à ses côtés sera différente, les amis vont se greffer à sa nouvelle vie, et ce sera à vous de comprendre et de guider votre enfant dans cette nouvelle étape.

Croyez-vous que vos parents savent tout ce que vous avez fait et qu'ils ont appris de quelle façon vous agissiez quand ils n'étaient pas là ? Eh bien, ne vous attendez pas à en savoir plus qu'eux !

Du petit écran à la réalité

Chers parents, voici une petite anecdote amusante. Chaque fois que je l'ai vécue, je donnais toujours la même réponse aux parents...

Quand l'émission *Passe-Partout* a fait son apparition sur le petit écran, à tout moment on nous arrêtait sur la rue. Et il y avait de l'amour dans l'air ! Tout de suite, le parent prenait son enfant et lui disait :

« Regarde, c'est Passe-Carreau ! Va dans ses bras, dis-lui que tu l'aimes ! »

Quand l'enfant reculait, le parent répliquait :

« Vous savez, il est timide ! »

Alors je lui répondais :

« Non, il n'est pas timide : il est intelligent, il m'apprivoise. Si la fée Carabosse vous apparaissait tout à coup, je suis certaine que vous ne lui sauteriez pas au cou ! »

L'enfant me regardait avec ses grands yeux et il voyait bien qui j'étais, mais il était sous le choc. Je vous mets en perspective. L'enfant me voit pour la première fois, il est haut comme trois pommes tandis que je mesure 1,70 m. À la télé, je suis costumée et haute comme trois pommes, moi aussi... Le tout-petit m'observe, voit que c'est moi, reconnaît ma voix, me regarde et tout doucement il s'avance vers moi et me fait une belle caresse. Il n'est pas timide, il est brillant !

Une « maudite » journée... dans la vie d'un prof

Avez-vous déjà imaginé en détail la tâche d'un professeur ? Il est...

- le gardien de votre enfant : avouez que c'est pratique à longueur d'année, surtout quand on voit venir les congés pédagogiques ;
- psychologue : il doit savoir conseiller, écouter, consoler quand une séparation survient, rassurer quand la maladie frappe, réconforter, encourager et... savoir avec quel parent l'enfant a passé la fin de semaine ; aussi, intégrer les enfants de culture

différente en provenance d'autres pays, qui ne parlent pas un mot de français.

Il doit...

- composer avec les enfants en difficulté d'apprentissage et les surdoués, les enfants dyslexiques dont on découvre malheureusement le problème beaucoup trop tard;
- reprendre le rôle des parents qui ont décroché devant les frasques de leurs adolescents, ou encore attacher les 40 lacets des espadrilles des petits de la garderie.

Tout cela avant même d'avoir intégré les 2000 objectifs du ministère de l'Éducation du Québec et d'avoir compris les nouvelles méthodes dynamiques d'enseignement des nouveaux programmes, une nouvelle réforme décidée par ceux qui n'ont pas mis les pieds dans une classe depuis 15 ans.

« Bonjour, la classe commence !... Ah ! C'est vrai, j'oubliais... Il y en a qui n'ont pas déjeuné ce matin ! »

Et vous dites que les profs ne font pas bien leur métier ? Mais de quel métier parlez-vous parmi tous ceux-là ? Avec une telle description de tâches, c'est déjà surprenant qu'il y ait encore des professeurs dans les écoles ! Bon, vous voulez critiquer ? Mettez-vous à leur place ! Ils font face à une trentaine de personnalités différentes, élevées par 70 autres personnalités (nous les parents, et je ne parle pas des 140 personnalités des familles reconstituées !). Enseigner aujourd'hui, c'est tout un défi !

Les médias, les parents, les adultes en général, tout le monde critique. Les jeunes ne savent pas écrire? C'est la faute des profs. La violence augmente? C'est la faute des écoles! Les jeunes décrochent: c'est encore la faute des profs! On les trouve à la fois trop exigeants, pas assez sévères, trop peu et pas assez de rien! On dit facilement: « Dans notre temps, l'école c'était mieux. » On oublie trop souvent que les profs d'aujourd'hui doivent enseigner dans le cadre d'une réalité qui change à la vitesse d'un cheval au galop.

Dieu merci, il reste des profs! Le feu sacré est essentiel pour continuer à assumer ce rôle qui ne jouit plus du respect passé, qu'il devrait pourtant conserver. Ce n'est guère évident, car le respect et le savoir-vivre s'enseignent d'abord et avant tout à la maison, dès l'enfance, et non quand le jeune a 16 ans...

J'ai rencontré plusieurs enseignants qui ont encore le feu sacré, malgré le contexte. Non seulement accomplissent-ils toutes ces tâches, mais ils en rajoutent en essayant de trouver des moyens pour rendre leur enseignement captivant avec de moins en moins de ressources. En plus, on leur laisse la tâche non seulement d'éduquer, mais également d'élever nos enfants: savoir-vivre, respect, discipline, hygiène, etc. De ce point de vue, la relation professeurs-parents ressemble un peu à une relation de couple où les partenaires doivent tenir le même discours pour que les jeunes sentent qu'on les appuie!

Imaginez un peu comment maman se sent quand papa dit le contraire de ce qu'elle vient de dire... Lorsque les parents sont irrespectueux, se contredisent et ne se présentent jamais aux réunions de parents, les professeurs ne peuvent rien faire pour aider les enfants. Allez à l'école quand les profs vous invitent, c'est de votre enfant qu'il s'agit, pas de vous !

Si chaque adulte prenait les responsabilités qui lui reviennent, le partage des tâches serait plus équitable et l'enfant s'en porterait mieux.

« Ne sous-estimez jamais le pouvoir de toucher un cœur ! »

– MAHARAJI

« Parmi ceux qui ont touché le mien, plusieurs l'ont sous-estimé. Il y a plus d'une façon de toucher un cœur et parfois, dans notre enfance, il nous est arrivé d'oublier certains épisodes marquants pour mieux nous protéger et cela a changé notre façon d'être pour la vie. »

CLAIRE PIMPARÉ

Remonter le temps

Tout comme moi, il vous est certainement déjà arrivé de vous dire : *« Ah ! si seulement je pouvais revenir en arrière. Si j'avais su ! Maintenant que je sais, tout serait tellement différent. »*

Quel regard avez-vous posé sur ce que vous venez de lire ?

- Était-ce celui d'un parent critique ?
- Était-ce celui de l'enfant en vous ?
- Était-ce celui que votre enfant aurait ?

- En fin de compte, vous êtes-vous donné la chance de vous arrêter vraiment et d'explorer avec votre propre regard, celui qui n'appartient qu'à vous ?

Dans la vie de tous les jours, le passé est derrière et nous ne pouvons rien y changer, mais ce qui est extraordinaire avec un livre, c'est le pouvoir que nous avons de remonter le temps, de revenir en arrière en jetant chaque fois un regard tout neuf sur les choses.

Je vous invite à revivre cette aventure quand votre cœur vous le dictera.

Conclusion

> « C'est ce que tu es, non ce qu'on a fait de toi. »
>
> Paulo Coelho

Sachez ouvrir vos oreilles, vous serez drôlement étonnés de voir que vous ne vous entendez pas. Vous faites la sourde oreille à votre cri intérieur ! Pourquoi ? Simplement parce que la nourriture terrestre de l'esprit que vous avez l'habitude d'avaler sans même plus goûter, vous empoisonne l'existence. Cette nourriture vous détruit petit à petit et sans que vous vous en rendiez compte, elle attaque l'ensemble de votre système nerveux. Pourquoi la laissons-nous nous ravager sans rien dire ? Pour être ? Pour le paraître ? Nous n'avons rien à cirer de ce que les gens pensent.

Paulo Coelho disait : « Qu'est-ce que je porte ? » Veronika de répondre :

« Une cravate !

– Eh bien ! Voilà qui me confirme que tu n'es pas folle, car un fou aurait dit : "*C'est un bout de tissu coloré qui ne sert à rien, sauf à étouffer le cou et à faire paraître celui qui le porte comme un humain semblable aux autres."* »

Pourquoi devez-vous être un parent identique aux autres parents ?

Pourquoi votre imagination et votre créativité ne pourraient-elles pas être différentes ?

Votre enfant n'est pas obligé de se rendre à l'école une journée où vous ressentez dans vos tripes que ce petit être a besoin de vous. Vous pouvez lui faire la classe en une heure alors qu'à l'école, elle doit durer toute la journée, parce que des fonctionnaires ont établi que cela devait être ainsi. Nos enfants ont adopté notre rythme de vie et, malgré ce va-et-vient insensé, nous nous devons de bien remplir notre rôle de parent. Dans de pareilles conditions, posons-nous cette question : ***« Avons-nous du plaisir à être un parent ? »***

À quoi ressemble une journée dans la vie d'un parent ?

Chers parents,

Dommage que nous ne puissions évacuer la culpabilité, les peines, les tracas, les problèmes financiers, même reprendre le temps précieux que nous avons bêtement perdu alors que nous aurions aimé le passer avec les enfants, avec soi-même, un peu de temps à faire ce dont on a envie.

Que dire du travail ! Surtout, ne partez pas trop tôt du travail, vous allez vous faire remarquer. Il vaut mieux quitter votre lieu de travail à la dernière minute, arriver à la garderie le dernier ou la dernière et courir pour faire le marché alors qu'on vous ferme la porte au nez.

Vous êtes importants ! Et surtout très occupés ! Mais à quoi en définitive ? À vous perdre ? Avec un rythme de vie aussi effarant, peut-être serez-vous en nomination pour l'oscar de l'année dans la catégorie des « débiles frustrés » ?

Peut-être qu'en secret, il vous arrive de pleurer dans un silence absolu en vous disant : *« Mon Dieu, que ça n'a pas de bon sens ! »* Et souvent, c'est à ce moment-là qu'une forme de révélation nous surprend. Je suis passée par là, et quelque chose en moi me disait qu'à force de méditer, je finirais par trouver. J'ai eu la vision et je tiens à vous la partager.

Fermez vos yeux, prenez une profonde respiration.

Maintenant, écoutez votre voix intérieure : elle s'adresse à vous. Écoutez attentivement le message qu'elle a à vous livrer :

Est-ce que je devrais continuer ou en ai-je assez dit pour que vous réfléchissiez sur le sujet ?

Êtes-vous des parents décrocheurs ? Êtes-vous des parents épuisés ? À quelle catégorie de parents appartenez-vous ?

J'espère pour vous que votre réponse est « aucune de ces catégories », car vous méritez d'appartenir à la catégorie des parents uniques, des parents qui font de leur mieux. Choisissez d'être de ces parents qui ne se comparent pas, qui ne se font pas concurrence. Et si vous vous retrouvez dans ce que je viens d'énoncer, alors bravo !

Pourquoi vouloir absolument vivre dans le paraître, dans les conventions ou dans la « normalité » ? La mode et la normalité sont dangereuses et, tout comme l'amour, elles peuvent rendre aveugle. Les épuisements professionnels, les dépressions et les suicides ne sont-ils pas à la mode, selon les statistiques ?

Votre corps et votre instinct sont vos meilleurs médecins ; ils vous conseillent, ne vous parlent que deux fois et, ensuite, ils agissent. Ils envoient les messages ci-dessous dans votre inconscient. Le premier ressemble généralement à ceci : « J'ai envie de relaxer. » Le deuxième est souvent plus direct : « Relaxe ! »

Cela peut aussi ressembler aux phrases ci-dessous :

- « J'ai envie de me reposer ! »
- « Prends une pause. »
- « J'ai besoin de prendre des vacances ! »
- « Prends des vacances... »

Le message ne passe pas ; voilà qu'arrive le message fatidique... « J'ai envie de je ne sais plus quoi !... » Alors, prends un congé pour cause d'épuisement moral ! Que dirais-tu d'une bonne dépression dans le Sud ?

Parents un jour, parents toujours. Vous faites de votre mieux, vous devez penser à vous. Et n'oubliez surtout pas le gros bon sens. Restez fous, mais comportez-vous comme des gens « dits normaux ». Prenez le risque d'être différents, mais apprenez à le faire sans attirer l'attention. « Et laissez se manifester votre moi véritable », de dire Paulo Coelho.

« Qu'est-ce que le moi véritable ?

– C'est d'être ce que tu es et non ce qu'on a fait de toi. »

Le rôle du parent est d'enseigner à son jeune et de mettre en pratique chaque jour de son existence ce qui suit :

« Élever son jeune plutôt que de l'abaisser et, par le fait même, ne jamais cesser de s'élever soi-même. »

Vous le méritez grandement !

C'EST MAINTENANT L'HEURE DU CONTE

Le pouvoir des mots, la magie d'un conte...

D'aussi loin que je me souvienne, j'ai toujours été fascinée par les mondes imaginaires. Je me laissais toujours prendre au jeu de l'émerveillement qu'une histoire suscitait.

Bien entendu, l'espoir était toujours au rendez-vous, car la règle d'or d'un conte, c'est que tout se termine toujours bien.

La Passe-Carreau en moi vous invite à vivre, dans un instant, la magie de la merveilleuse histoire de Kali.

Laissez-moi vous la raconter.

Il était une fois...

Chapitre premier

Kali de Ritros

Kali était une grand-mère particulière. Elle venait de la planète Ritros, un endroit tout près du ciel, où ne vivaient que des grands-parents dont la mission était d'aider les enfants de l'univers.

Depuis très longtemps, Kali observait les enfants de la planète Terre en espérant comprendre un jour comment et pourquoi leur étrange éducation avait cessé d'évoluer depuis quelques années – même qu'elle avait eu tendance à se dégrader. Jadis, cette planète était pourtant empreinte de créativité et d'imagination foisonnantes, mais elle était surtout remplie d'originalité... Dans ce lieu exceptionnel, tous les enfants étaient considérés comme des exemples à suivre, car ils donnaient libre cours à leur personnalité unique.

Tous les enfants de la Terre étaient en effet d'une débrouillardise incroyable et capables de vivre au quotidien avec imagination et fantaisie. L'un des passe-temps préférés des grands-parents de Ritros consistait à être témoins de tous les défis que parvenaient à relever les jeunes terriens et ces feux d'artifice d'inventivité qu'ils déclenchaient grâce à la flamme de leur vive imagination. Ils étaient d'ailleurs toujours souriants et constamment à la recherche d'une étincelle de création en vue d'inventer, jour après jour, des jeux, des chasses au trésor et des mondes farfelus, remplis de personnages aptes à les emporter dans les aventures les plus fantastiques qui soient. Ils avaient le potentiel de créer des mondes bien à eux, les conduisant tantôt de châteaux en forteresses, tantôt de simples forêts en jungles mystérieuses.

Dès les premiers rayons du jour, ils se transportaient dans des lieux plus vrais que nature, et le soir venu, avant même que la lune pointe le bout de son nez, alors que tous ces univers auraient pu disparaître pour ne réapparaître qu'à l'aube, les enfants avaient développé le don de revivre à leur guise ces jeux fabuleux. Grâce à leur bon vouloir, ils possédaient le pouvoir, d'un simple claquement de doigts, de faire renaître des moments de jeux palpitants où tous, petits et grands en tous genres, pouvaient trouver leur place et s'en donner à cœur joie.

Kali se souvenait du temps des cow-boys et de leurs histoires rocambolesques, des chevaux et des épées faits à partir de vieux balais, de bouts de bois ou de branches d'arbres qui se transformaient, par enchantement, en de fougueuses montures et de véritables épées à pommeau, rappelant l'époque du règne du roi Arthur, des chevaliers de la Table ronde et des dragons. Les châteaux des petits terriens étaient construits de tous les matériaux qui leur tombaient sous la main, par-ci par-là. En un tournemain, ils érigeaient d'imprenables forteresses, des abris dans les arbres et dans les bois qui ne tardaient pas à devenir des lieux remplis de secrets et de trésors enfouis.

Et voilà que sournoisement, cette magie qui garde les enfants vivants avait mystérieusement disparu. Quelle tristesse de constater qu'il n'y avait plus d'imagination, de créativité ni de rires et de bonheur dans les yeux des enfants de la Terre !

À l'insu des adultes, Kali observait depuis belle lurette tout ce qui se passait et voulut aider les enfants à reconquérir cette magie. Avec la complicité des grands-parents de la planète Ritros, elle décida donc d'envoyer sur la Terre des étincelles qui permettraient aux enfants de retrouver l'énergie de vivre, de jouer, de bouger, de courir, de trouver et d'imaginer des défis avant qu'il soit trop tard et que cette magie s'éteigne pour de bon. Mais voilà que chaque étincelle envoyée sur la Terre se voyait détruite presque instantanément.

C'est pourquoi les grands-parents se mirent à faire des observations et des recherches très poussées afin d'essayer de comprendre ce qui se passait. C'est ainsi qu'ils découvrirent, avec papi l'ingénieur en tête du groupe, une usine remplie d'inventeurs de jouets ! La grande question était maintenant la suivante : « Pourquoi créent-ils des "empêcheurs" de faire évoluer l'imagination débordante des enfants ? » La réponse était pourtant criante : ils avaient désappris à jouer et n'avaient plus de temps à passer avec leurs enfants. Les grands-parents eurent peur, très peur, car plus le temps passait et plus les adultes inventaient ces jeux, plus les enfants perdaient leur imagination, leur capacité de s'amuser par eux-mêmes et d'inventer, à partir de presque rien, des merveilles et des univers débordants de fantaisie. L'alarme avait sonné chez les habitants de Ritros, mais que devaient-ils faire maintenant ?

En observant bien, les grands-parents remarquèrent que non seulement les enfants n'éprouvaient plus aucun plaisir à jouer, mais qu'en peu de temps, ils étaient complètement désintéressés par ces jouets et ces jeux qui, en fait, n'étaient pas leurs inventions. Tout était conçu afin qu'ils n'aient plus rien à faire. Tout était déjà imaginé. Tout était déjà créé. Dans leur folie de vouloir tout régenter, les inventeurs du monde adulte avaient oublié un détail très important : ils n'avaient pas tenu compte de l'intelligence de leurs enfants.

C'était vraiment incroyable et déplorable ! Les enfants poussaient des pions et les châteaux fabriqués par les adultes apparaissaient. Vraiment, ils n'avaient plus rien à faire ou à inventer et chacun était étonné de les voir perdre si vite tout intérêt pour ces inventions que l'on disait si merveilleuses. De plus, tous ces jouets gardaient les enfants prisonniers de leur maison puisqu'ils n'avaient plus désormais à se déplacer. C'était comme si le slogan « Moins tu en fais, moins tu veux en faire » était devenu un art de vivre, une mode. C'était à n'y rien comprendre...

Sur terre, il semblait que l'on tenait à tout prix à endormir les enfants en les empêchant de vivre et de s'épanouir, même à l'école. Pourtant, jadis, ils avaient déjà disposé de livres et de cahiers qu'ils remplissaient eux-mêmes de leurs propres mots, leurs histoires, leurs dessins et leurs découvertes. C'était l'époque où chaque sac d'école recelait les plus beaux trésors, chacun à l'image de l'enfant créateur et artiste, c'est-à-dire unique. Chaque cahier était alors un véritable chef-d'œuvre.

Soudain, tout cela semblait révolu. Une fois de plus, les adultes se sentaient investis de la mission de créer les livres et les cahiers des enfants. Cela détruisait toutefois un peu plus la fameuse magie qui les animait.

C'était ahurissant ! Les enfants n'avaient plus besoin d'écrire ! Pour gagner encore plus de temps, ils n'avaient dorénavant qu'à remplir les espaces libres. On leur enseignait à se conformer le plus rapidement possible aux règles énoncées et prévues par les adultes. Quelle était donc cette idée étrange ? Les enfants étaient tout à fait capables d'écrire et de lire, encore fallait-il qu'on leur laisse la chance d'apprendre, et surtout d'expérimenter et de recommencer au besoin.

Kali se souvenait... Les enfants de la Terre avaient auparavant tellement de plaisir à dessiner les cartes géographiques et ils connaissaient tous les coins de pays. Dans leurs aventures, ils savaient reproduire ces endroits qu'ils reconnaissaient si bien, pour les avoir dessinés nombre de fois. Mais maintenant ils devaient se contenter de regarder puisque les cartes étaient déjà toutes dessinées... par des adultes. Non vraiment, c'était à n'y rien comprendre !

« Les adultes de la Terre tenaient-ils vraiment à priver les enfants de toute imagination ? En agissant ainsi, s'exclamait Kali, ils "assassinent" petit à petit cette magie qui les garde vivants, et le mot n'est pas trop fort ! » Mais d'où pouvait bien venir une idée aussi saugrenue ?

Kali avait longuement observé et c'en était trop ! Dans les écoles, les professeurs n'avaient même plus le temps de faire ce qu'ils aimaient le plus au monde : enseigner avec passion. Ceux qui prenaient les décisions ne se trouvaient pas dans les écoles ; pire encore, ils n'étaient pas entrés dans une classe depuis belle lurette. Ils avaient même oublié qu'il s'agissait d'éduquer de petits êtres humains avec leurs forces, leurs talents, leurs défauts, leurs qualités et leur quotidien particulier: une vie bien à eux. Sans oublier que plusieurs des enfants, pour ne pas dire tous, vivaient la plupart du temps dans leurs valises et qu'ils devaient aider les adultes à se comprendre eux-mêmes...

On passait désormais plus de temps à analyser et à décortiquer le comportement des enfants qu'à éveiller leur soif d'apprendre et à exciter leur curiosité. Et vlan ! Quand on décelait chez un enfant une envie de vivre, d'être vivant ou simplement d'être un enfant, on sortait le gros arsenal et on embauchait une panoplie de « détectives intellectuels » chargés de rendre cet enfant conforme et semblable à tous les autres. On n'avait jamais pensé qu'un enfant voguant à l'aventure, sur les ailes de l'imaginaire, se trouvait forcément devant un adulte ennuyeux à mourir.

Et voilà qu'en plus de vouloir les empêcher d'être vivants, ils eurent aussi l'idée de changer leur alimentation afin qu'ils puissent manquer d'énergie, ces pauvres petits. Mais les détectives intellectuels avaient oublié ceci : les enfants resteront toujours des enfants avec, dans leur cœur, ce goût inné de vivre... Pour survivre et ne pas se laisser détruire, certains ont simplement réussi à s'enfermer dans leurs univers ; d'autres ont fait alors la sourde oreille en étant convaincus que c'est par amour que les adultes faisaient ce qu'ils font, même si ce n'est pas bon pour eux. Ils nourrissaient l'espoir qu'un jour, peut-être, ils se réveilleraient. En espérant qu'il ne soit pas trop tard...

C'est ainsi que les grands-parents qui scrutaient la Terre de la planète Ritros décidèrent de prendre la relève: « Nous serions plus efficaces que ces comprimés bizarres. Il est vraiment temps que nous passions à l'action pour redonner à ces enfants de la Terre le droit de vivre et donner les outils nécessaires à leurs parents afin de garder leurs enfants vivants et épanouis », déclarèrent-ils unanimement.

Chapitre 2

La maison du bonheur

Il y eut une assemblée extraordinaire de tous les habitants de la planète Ritros afin de trouver une manière de secourir les enfants de la Terre et leurs parents. Papi Jo suggéra d'aller vivre quelque temps sur terre afin d'offrir un soutien de taille et surtout d'y vivre pour mieux comprendre ce qui s'y passait.

Après de longues discussions, Kali décida de se téléporter sur terre. Elle y trouva une magnifique maison abandonnée près d'une rivière. Cette grande maison avait bien besoin de rénovations: tout était en train de s'effondrer et personne ne voulait y habiter, sans doute pour cette raison. Kali contacta donc ses amies et leur demanda d'effectuer une recherche à propos de cette habitation. Elle tenait à en connaître l'histoire. Elle apprit qu'elle avait appartenu à une vieille dame sans enfants, dont la seule nièce passait la totalité du temps dans ses valises, à la découverte du vaste monde. Sa nièce n'avait jamais voulu de cette maison et, en qualité d'unique héritière, elle ne s'était même pas déplacée pour voir le legs de sa tante. Une lettre de la vieille dame à sa nièce disait ce qui suit :

Ma chère nièce,

Je sais que nous ne nous sommes jamais vraiment rencontrées, tu étais très jeune. Je dirais même que tu étais au berceau, la seule fois que je t'ai vue. En t'apercevant, je suis littéralement tombée amoureuse de ton petit minois et, autant que je me souvienne, tu avais déjà du caractère. À vrai dire, pour la première fois de ma vie j'ai regretté de n'avoir pu concevoir d'enfants et j'étais bouleversée parce que tu n'étais pas à moi. De loin et me faisant presque invisible, je t'ai suivie et toujours j'ai été fière de toi et de ta passion pour l'aventure. Ta mère, ma soeur, me disait souvent : « C'est fou, tout ce qu'elle ramène de ses voyages ; je n'ai plus de place pour tout mettre et sa chambre déborde. » Je riais de bon coeur et ta mère se mettait à rire elle aussi : « Oui, oui, je sais, elle est comme toi », me chuchotait-elle.

Je prenais alors ma vieille jeep et je passais chez ta mère afin de récupérer tes trésors que je rangeais dans mon grenier, un espace que j'ai d'ailleurs nommé en ton honneur « Le grenier de Kalisha ».

Quand tu t'es retrouvée seule, obsédée par le désir de t'enfuir et de ne voir personne, j'ai compris et j'ai toujours espéré te voir débarquer chez nous pour que nous puissions vivre toutes les deux, dans cette grande maison qui t'était destinée. J'ai toujours demandé à l'Univers qu'une personne digne de cet endroit puisse un jour l'occuper et en prendre soin, dans l'espoir ultime qu'un jour, elle soit utile. Dans mes prières, je formulais le souhait que les gens qui seraient là ne soient pas surpris de t'y voir un jour apparaître, si tu voulais y venir. L'Univers se chargera de trouver LA personne qui réchauffera ces lieux pour toi.

Au moment où tu liras ces mots, je serai dans un autre monde, un ailleurs qui me fera pour l'éternité une place dans ton cœur, j'espère. Je te lègue tout ce que j'ai. Mon notaire te fera parvenir cette lettre et il a la responsabilité de prêter la maison à LA personne qui viendra sonner à sa porte. Ce jour-là, il saura que cette personne qui se trouve devant lui est celle que j'ai tant attendue...

Sois heureuse ! Je t'aime.

Ta tante Viviane

Kali avait trouvé la lettre dans le grenier, parmi un tas de trésors aussi surprenants les uns que les autres. Elle comprit que cette petite Kalisha frapperait un jour à la porte de sa propre maison. Des colis de partout dans le monde étaient régulièrement livrés, des colis de toutes sortes et de toutes les dimensions qui s'entassaient çà et là dans le grenier. Kali décida de se rendre chez le vieux notaire afin de lui demander si cette maison ne pourrait pas servir, en attendant le retour de Kalisha. Bien que tout souriant, le notaire avait intérieurement cessé de croire qu'un jour quelqu'un finirait par passer et demanderait à vivre dans cette maison délabrée qui tombait en ruine, faute d'entretien. Il ignorait toutefois que Kali avait plus d'un tour dans son sac.

Ravi de sa rencontre avec cette nouvelle locataire, le notaire lui remit les documents relatifs à la propriété ainsi que les clés de cette maison prétendument magnifique – qui avait du moins le potentiel de l'être. Bien entendu, tout cela était accompagné des recommandations d'usage de celle qui fut jadis sa propriétaire.

« La personne devra entretenir cette maison, la conserver en bon état, lui redonner vie et lui donner une vocation qui la rende utile. Elle devra aussi pouvoir en tout temps et sans préavis accueillir Kalisha, sa propriétaire légitime. Cette demeure et surtout son grenier doivent être respectés scrupuleusement, car les nombreux trésors qu'ils abritent sont en tous points ceux de ladite propriétaire de cette maison, Kalisha, ma nièce. »

Kali rassura le notaire en lui disant qu'elle avait de nombreux amis sur lesquels elle pouvait compter pour rénover la maison et pour faire de ces lieux un endroit de rêve pour les enfants sans abri.

Kali emménagea donc dans cette maison aux allures très particulières. Elle y fit la découverte de lieux inusités, ayant l'étrange sensation, quand elle était à l'intérieur de l'habitation, de se trouver à l'extérieur. C'était saisissant ! Par ailleurs, cette maison avait beaucoup plus à offrir qu'elle ne l'avait anticipé. Sans plus tarder, elle se téléporta chez ses amis de la planète Ritros pour raconter à ses congénères ce qu'elle venait de vivre. Elle avait trouvé l'endroit magique et en était maintenant à l'étape cruciale de dénicher de l'aide pour ressusciter ces lieux aux murs imprégnés d'amour.

Tous les habitants de Ritros décidèrent de se téléporter sur terre eux aussi afin d'aider Kali dans sa mission. Ils étaient tous là: papi Jo le menuisier, mamie Yvette la couturière, papi le maçon, mamie l'artiste peintre, papi l'ingénieur, mom et pop les cuisiniers, papi le jardinier, mamie la femme médecin et mamie Loulou la prof magique. Ensemble, comme au bon vieux temps, ils mirent la main à la pâte afin de faire revivre la maison de tante Viviane. C'était fantastique !

Kali était heureuse de voir chacun de ces grands-parents s'affairer en vue de dépoussiérer l'endroit et de le rajeunir à souhait. Pour tout dire, elle était au comble du bonheur. Chaque pièce de la maison représentait l'un des quatre éléments constitutifs de la Terre. De plus, non seulement la terre, l'air, l'eau et le feu avaient-ils une place de choix, mais le bois et le métal contribuaient également à donner à cette maison une âme en parfaite harmonie avec les lois de l'univers.

Présentée sous cet angle, et grâce aux talents réunis de chacun des grands-parents, la maison endormie s'était remise à vivre. Elle était désormais revêtue de ses plus beaux atours. Les puits de lumière permettaient au soleil de pénétrer, d'illuminer et de redynamiser la demeure, lui redonnant par le fait même toute son énergie, palpable à chaque cloison. La vieille serre retrouva l'éclat de ses années glorieuses et le jardinier s'en donna à cœur joie, au grand plaisir des cuisiniers qui pouvaient désormais compter sur des fruits et légumes frais et sur des fines herbes en abondance, à cueillir à volonté et en tout temps.

Puis, ô surprise, au sous-sol, papi l'ingénieur fit la découverte d'un endroit tout à fait inusité. C'était vraiment des plus inattendus, car dissimulé derrière une porte isolée, un tunnel débouchait directement sur un ruisseau où nageaient des poissons extraordinaires en toute liberté. Imaginez le spectacle ! Ce ruisseau rejoignait ensuite la rivière. Papi l'ingénieur n'en revenait pas, c'est comme s'il retrouvait l'énergie de ses 20 ans et sa tête foisonnait d'idées rafraîchissantes pour agrémenter le tout.

Mamie l'artiste peintre avait déjà commencé à peindre les murs en prenant soin de rendre un hommage bien particulier à tante Viviane et sa nièce. Si un jour Kalisha décidait de venir à la maison, elle ne s'y sentirait pas trop dépaysée, puisqu'elle pourrait s'y retrouver avec sa tante, grâce aux fresques sur les murs. « Je vais peindre le monde et ses innombrables beautés ; ainsi, elle pourra continuer de voyager en changeant simplement de pièce. » Tout le monde était charmé par l'idée de mamie l'artiste peintre.

Papi Jo le menuisier avait tellement de boulot à abattre qu'il dut faire appel à tous ses amis – menuisiers, électriciens, plombiers, plâtriers, tireurs de joints et peintres – pour l'aider à avancer rondement. Tous déployaient leurs talents avec brio et avaient du pain sur la planche. Ainsi, la toiture fut entièrement refaite et la maison rénovée en un tournemain ; elle resplendissait comme aux belles années de sa jeunesse. Du haut de son paradis, la tante Viviane devait être aux anges. Elle avait toujours su qu'un jour l'amour reviendrait, et que la maison qu'elle avait tant chérie redonnerait aux tout-petits le droit de renaître et de vivre en santé.

Kali s'empressa de faire le tour de la ville à la recherche de tous les enfants abandonnés, en attente d'un chez-soi, et qui traînaient dans les rues. Cherchant désespérément à se nourrir, ils se retrouvaient bien malgré eux dans des endroits sans âme et dépourvus d'amour. La porte de la maison leur était maintenant grande ouverte, prête à accueillir ces enfants venus de loin, du cœur même de la Lumière. Oui, il fallait y croire et garder espoir, car le rêve de tante Viviane et de Kali venait de se concrétiser.

Heureux de la tournure des événements, dans l'optique de combler les énormes besoins de ces enfants et de leur permettre de demeurer bien vivants, les grands-parents de la planète Ritros décidèrent à l'unanimité de rester sur terre. Leur décision reposait sur leur immense souhait de contribuer au bonheur de tous ces enfants qui ne demandaient qu'une chose : grandir dans la joie et en toute plénitude.

La maison et ses environs devinrent ainsi un véritable havre de paix. Les enfants y venaient et s'imprégnaient d'un tas de connaissances à même le savoir des grands-parents. L'adorable prof Loulou enseignait à la maison. Elle avait cette faculté de découvrir les talents des enfants et elle s'en servait pour l'apprentissage des matières. Quand un enfant manifestait un intérêt particulier pour une matière, non seulement progressait-il rapidement, mais il devenait déjà un petit professeur pour ses copains. C'est ainsi que tous enseignaient et se valorisaient en prenant conscience de leurs talents et de leurs capacités innées de partager savoir et découvertes.

Évidemment, il y en avait pour tous les goûts : les papis historiens, les papis avec la bosse des maths, la mamie artiste ; tous partageaient patiemment leurs connaissances. Et si par hasard un enfant souhaitait apprendre une autre langue, il était certain de trouver une mamie ou un papi qui pouvait la lui enseigner. Les vêtements étaient confectionnés sur place, papi le tailleur et mamie la couturière montraient aux enfants à coudre et à repriser leurs vêtements.

Chacun évoluait à sa façon, à son rythme, chacun y trouvait son petit bonheur. Grâce au savoir-faire de papi l'ébéniste, les bricoleurs en herbe apprirent à fabriquer leurs meubles. Il était vraiment amusant, pour ne pas dire stupéfiant, de voir l'originalité des chambres à coucher où chaque enfant avait décidé de sa décoration et du style de meubles qu'il voulait. Fasciné par la mer, l'un d'eux avait même une barque pour lit. Un autre aimait dormir à la belle étoile, aussi mamie l'artiste peintre lui avait-elle montré à se faire un ciel avec le puits de lumière.

Tout se déroulait dans un bel équilibre et Kali en était tellement heureuse. Personne n'était laissé pour compte. Un enfant avait pris l'initiative de confectionner des arbres pour se faire une forêt et un autre avait fabriqué une grotte. Pourquoi pas ? Tant d'idées fusaient de toutes parts. Pour certains, elles étaient considérées comme farfelues, mais dorénavant parmi les habitants de Ritros venus sur terre, un tas d'idées et de créations avaient la possibilité de voir le jour et devaient se matérialiser. La créativité, ce pouvoir de création et d'inventivité des enfants, reprenait sa place et s'exerçait de plein droit, sous la supervision attentionnée et fière des grands-parents.

Une lueur brillait dans les yeux des enfants et leurs sourires étaient réapparus, comme par enchantement. Leur joie de vivre était à nouveau palpable. Kali et ses amis de Ritros avaient su redonner un chez-soi chaleureux à chaque enfant, à qui l'on remettait dès l'arrivée un coffre magique contenant de l'amour, de la tendresse, de l'affection et du respect. Plus l'enfant partageait son trésor avec les autres, plus la magie opérait et plus son coffre se remplissait. Son contenu était intarissable, à condition bien sûr de le partager.

Les enfants bénéficiaient en tout temps de la présence de tous les grands-parents de Ritros, heureux d'être à leur entière disposition. Ce qui était exceptionnel, c'était leur sens particulier de l'écoute : ils savaient entendre les mots du silence. Les peines et les tragédies vécues par les enfants étaient parfois si troublantes que certains de ces jeunes avaient préféré les ranger définitivement dans le rayon des oubliettes de leur esprit. Sans qu'ils sachent pourquoi, leurs cœurs se mettaient à pleurer et seuls les grands-parents de Ritros, avec leurs oreilles toutes spéciales, pouvaient entendre et comprendre ces silences qui faisaient couler leurs larmes.

En fait, ils avaient trouvé un moyen de guérir ces peines profondément enfouies... car ces grands-parents étaient aussi les archéologues de l'âme. De plus, étant anthropologues de l'émotion pure et vraie, il était d'ores et déjà inscrit dans leur destinée d'étudier les sociétés, leur histoire et leur évolution. Ils avaient observé avec tant d'attention et d'amoureuse connivence les enfants de la Terre qu'ils connaissaient maintenant les moindres recoins de l'âme humaine. Aussi savaient-ils effacer à jamais ces peines de leurs cœurs.

De leur côté, les enfants ont eux aussi laissé leurs traces par le biais de créations de toutes sortes. Poètes de circonstance, ils ont gravé sur les murs des comptines douces et mélodieuses. Dans la cuisine où trônaient leurs plus beaux dessins, ils ont appris à cuisiner, comme de grands chefs. Avec la complicité de mamie l'artiste peintre, son amie, mamie la biologiste a fait dessiner aux enfants le corps humain, permettant ainsi à chacun d'en connaître parfaitement les parties qui le composent.

Pour sa part, papi Huong a expliqué aux jeunes comment les Chinois avaient toujours utilisé toutes les disciplines pour garder leur peuple en santé et, pendant que mamie la massothérapeute soulageait les petit corps meurtris, papi Huong leur enseignait les douze méridiens principaux du corps, dans lesquels l'énergie vitale circule, tout en pratiquant l'acupuncture. Il avait su regrouper toutes les disciplines afin de leur expliquer le corps humain et, en prime, les enfants savaient que l'alimentation était la nourriture du corps et le médicament de l'avenir.

Et que dire de la grande cour, où les papis menuisiers avaient créé avec les enfants le jeu d'hébertisme le plus ingénieux dont ils puissent rêver pour se promener d'arbre en arbre, pour entrer et faire le tour de la maison ? On retrouvait même à chaque fenêtre de grandes glissades qui permettaient d'aller jouer dehors en s'amusant. Par le ruisseau aménagé qui sillonnait le sous-sol pour se déverser dans la rivière, les enfants pouvaient nager et pêcher, peu importe la saison.

Ce monde que je vous ai présenté et qui, pour plusieurs, en semble un de rêve, eh bien tous ces enfants qui aujourd'hui sont devenus grands vous diront que ce n'est qu'un monde de gros bon sens, d'intelligence, de savoir-faire, de débrouillardise, de confiance, de respect, de partage d'affection et, surtout, d'amour.

En guise de dénouement

Je vous ai raconté cette histoire et je tiens à ce que vous sachiez que cette maison existe toujours. J'y ai vécu pendant plusieurs années et j'y ai partagé, avec des centaines d'enfants, des moments de vie inoubliables. Je me souviens avec émotion du petit Robert, qui avait tenté quatre fois de se suicider. Ses parents étaient divorcés et ni l'un ni l'autre n'en voulait la garde. Nous l'avons accueilli et, le jour de son arrivée parmi nous, les papis et les enfants allaient dans la forêt avec leur mini-coffre à outils afin de construire leur cabane en bois rond. Comme Robert avait tenté de se suicider, il ne pouvait pas y aller parce que les outils lui étaient défendus. Je l'ai assis sur mes genoux, je l'ai regardé droit dans les yeux et je lui ai demandé : « Veux-tu te suicider aujourd'hui ? »

Il m'a regardé avec étonnement, car personne jusqu'ici n'avait OSÉ lui poser la question. Il me répondit que ce n'était pas son intention. Et moi, je le regardais toujours dans les yeux : « Alors, va t'amuser ! Va bâtir et découvrir toi aussi ce que la vie te réserve de beau et de bon ! »

Robert est parti avec les autres, son petit coffre à outils à la main et, comme tous les autres enfants, il s'est affairé à construire la cabane. À la faveur de la nuit, des biches ont donné naissance à leurs bébés. Les enfants étaient tellement heureux de voir les petits faons qu'ils ne pouvaient contenir leur joie. Je suis allée rejoindre Robert, je l'ai serré dans mes bras et je lui ai dit :

« Tu vois, Robert, ce n'est ni papa ni maman qui a construit cette cabane et qui a vécu ce bonheur ! C'est toi ! C'est aussi toi qui es responsable de ce que tu veux, mais tu n'es pas responsable des actes de tes parents, ce sont des adultes. Toi, tu es responsable de tes choix, et hier tu as fait le bon : tu as choisi de vivre. »

Un jour que j'étais triste, Robert vint m'offrir de marcher à ses côtés, dans les bois. Il se faisait insistant. Il tenait à se rendre à l'endroit où nous étions allés auparavant et il a pris ma figure entre ses petites mains. Puis, en me regardant dans les yeux, il m'a questionné.

« Est-ce que tu m'aimes ?

– Bien sûr, que je t'aime !

– Eh bien, tu vois, c'est la première fois que je sais que c'est vrai ! »

Je me suis mise à pleurer et il m'a prise dans ses bras à son tour. Puis j'ai entendu ces mots, murmurés doucement dans mon oreille : « Moi aussi, je t'aime ! »

KALISHA

Remerciements

Je remercie tous ceux qui, dans ma vie, ont croisé mon chemin, car je sais que vous m'avez apporté bien plus que vous ne pourriez le croire. Que vous m'ayez aimée ou non, il reste que vous avez emprunté mon chemin de vie, et vous m'avez fait réfléchir et grandir.

Avant d'accepter d'écrire, je me devais de vivre. Je me devais de bien comprendre le message que vous avez laissé sur ma route. Mais votre passage dans ma vie restera pour moi la rencontre d'un maître, celle d'une évolution. Il est parfois difficile d'accepter d'être aimée ou détestée quand on croit qu'on ne le mérite pas. J'accepte ce sentiment que vous avez éprouvé à mon égard, quel qu'il soit, car il me permet de grandir encore davantage aujourd'hui. Je l'avoue, parfois votre amour était si grand qu'il me faisait peur...

Sachez que vous avez été dans mon existence quelqu'un de si important, de si merveilleux, que je vous remercie de votre présence, mais je vous suis reconnaissante surtout d'avoir été qui vous êtes, tel que vous êtes. Votre unicité a fait en sorte qu'avec vous j'ai été à l'école supérieure de la vie.

Je ne dresserai pas ici la liste de tous les noms, car je sais que vous avez la sagesse de vous reconnaître.

Merci.

Remerciements spéciaux

Michel Ferron, mon éditeur

Je me souviens du jour où tu es venu me rencontrer après plusieurs années d'efforts pour me convaincre d'écrire. Ta patience et ta détermination ont eu raison. Je te remercie de cette main que tu m'as tendue avec tant de confiance. Tu as mis à ma disposition une équipe exceptionnelle, toute la lumière, le temps et les moyens dont j'avais besoin. Ta grande sagesse a gagné son pari. Je suis venue te remettre le manuscrit en mains propres un an plus tard. C'est toi qui avais raison.

Merci de tout cœur, Michel.

Lucie Douville, ma coach d'écriture

Un jour, j'ai demandé l'aide de l'univers. «J'ai besoin d'un ange et ça presse !... »

Ma grande amie, ma sorcière bien-aimée, tu as su me provoquer, me lire et relire, avoir le recul et la sagesse de me dire que je me perdais dans les dédales thérapeutiques de l'écriture, me réaligner, me corriger, me confronter à moi-même et à mes opinions pour ensuite me retourner à mes devoirs. Sans oublier la fois où, découragée d'avoir perdu la journée d'écriture qui venait de disparaître de l'ordinateur, tu as trouvé les mots pour me faire rire.

Lors de notre rencontre mémorable à Québec, alors que nous cherchions une auberge tranquille pour peaufiner notre travail d'écriture et qu'une commission scolaire y était en congrès, nous avons compris que c'était l'univers qui nous faisait un clin d'œil. Il nous livrait l'information dont nous avions besoin pour compléter notre chapitre sur l'école... Lucie, cette grande aventure vécue avec toi restera gravée dans mon cœur à jamais. Merci pour ton authenticité, ton honnêteté, ta douceur, ta minutie, ton exigence, ta grandeur d'âme, ta fidélité, ta grande spiritualité. Mon ange était sur terre juste à côté de moi. C'était toi !

Docteur Gilles Julien, docteur Bohème

J'étais heureuse de faire la connaissance de ce grand homme. Je suis à lire les nombreuses brochures de la clinique et voilà que la porte s'ouvre : « Dr Bohème », comme on le surnomme, arrive avec son vélo, demande s'il y a un petit coin disponible pour notre rencontre. Je lui demande tout simplement de me faire l'honneur d'écrire la préface de mon livre. Nous sommes sur la même longueur d'onde et nous savons pertinemment qu'il est de plus en plus difficile de faire prendre conscience aux gens d'une réalité troublante. En fait, si nous unissons nos forces, nous pourrons faire avancer la cause des enfants pour laquelle nous nous battons quotidiennement.

Il consent à préfacer mon livre et de mon côté j'accepte de devenir sa porte-parole. Mettre tous les talents et les forces de chacun pour atteindre un but commun : de donner le droit aux enfants de rester vivants dans tous les sens du mot.

Je tiens à remercier l'univers de mettre sur mon chemin des êtres magnifiques. Merci Dr Julien, je suis honorée, heureuse d'avoir la chance inouïe d'apprendre à vos côtés.

Vous êtes notre « Patch Adams » du Québec.

MILLE MERCIS!

Et à vous, tous les enfants, soyez assurés que nous vous tiendrons la main en tout temps.

Mes enfants

Dominic, Marc Olivier, Myriam, vous avez eu besoin de la maman que j'étais aux différentes étapes de votre vie et chacun à votre façon. Plus tard, vous avez su apprécier la mère qui vous guidait. Ma douce Élise, compagne de Dominic, tu as offert jour après jour une place de choix à la mamie que je suis si heureuse d'être. En février, je tiendrai de nouveau un petit ange dans mes bras. Merci, Mimi.

Aujourd'hui, je tiens à vous remercier de voir en moi la femme qui continue à cheminer à vos côtés. Je suis choyée de vous avoir comme enfants. Vous êtes ma plus grande réussite, et ce qui est merveilleux, c'est qu'elle est sans fin !

Merci, Claude, d'avoir été à mes côtés dans notre aventure de parents. Claude, tu es une force inébranlable sur laquelle les enfants ont toujours pu compter.

Mes amis, mes lecteurs conseillers

Merci pour le soutien constant que vous m'avez offert, pour votre amour inconditionnel et d'avoir été présents, beau temps mauvais temps. Vous m'avez apporté, chacun à votre manière, votre appui moral et physique, et surtout vos précieux conseils. Merci d'être sur le chemin de ma vie :

Alexandre Nicolas Leblanc, Diane Pimparé, Richard Gourde, Sandy Martinez, Éric Perrault, Stéphanie Lessard, Martin Perrault, Dominic James, Élise Crevier, Myriam Bergeron, Marc-Olivier Bergeron, Louise Bergeron, Carole Gervais, Mathew Siméon, Marie-Josée Turcotte, Sophie Bérubé, Sylvain Laforest, Suzanne Douville, Vicky Morneau, Mirko Pejkovic.

Mes sœurs et mes frères

Merci à Yves, Liette, Roger, Jacques, Nicole, Diane, Michel, Sylvie et Huguette, mes sœurs et mes frères. J'ai grandi avec vous et vous avez tous participé à mon cheminement à votre façon.

CLAIRE

Références

Bernay-Roman, Dr Andy. *À sentiment profond, guérison profonde :* Les dimensions émotionnelle, mentale et spirituelle de la guérison, Éditions Vivez Soleil, 2004, 322 p.

Blanton, Brad. *Radical Honesty : How To Transform Your Life By Telling The Truth*, Sparrowhawk Pubns, Stanley, Virginia, U.S.A., 1994.

Coelho, Paulo. *Veronika décide de mourir*, Éditions Anne Carrière, 2000.

Dodson, Dr Fitzhugh. *Tout se joue avant 6 ans,* éditions Marabout, 2006.

Gibran, Khalil. *Les enfants*, extrait du livre *Le Prophète*, Éditions Casterman.

Les Intouchables : des adolescents à fleur de cœur / préface de Michel Dufour ; collectif dirigé par Ève Lalancette et Christiane Pilote. – Chicoutimi : Éditions Félix, impression 1998-[2003]. – 2 vol.

Dans ce livre, vous trouvez les textes des participants des ateliers d'Ève Lalancette et Christiane Pilote. C'est un puissant instrument de connaissance et d'intervention pour tous ceux qui s'intéressent à ce monde méconnu et souvent problématique qu'est l'adolescence. Ève et Christiane veulent ainsi remplacer l'intolérance par l'accueil et l'isolement par l'espoir. Ce livre est également disponible au Centre jeunesse Saint-Georges de Chicoutimi.

Avec tout le respect que je leur porte, je remercie ces jeunes de leur grande intelligence. Merci pour ce silence dévoilé qui aidera les parents à percevoir les sentiments et les émotions qui habitent le cœur de leur enfant.

Les Intouchables: des ados à fleurs de cœur

Chère maman, de Richard (18 ans)

Petit enfant, de Marie (15 ans)

Nuit sombre, de Thomas

L'École secondaire de Rochebelle

Incompris, de Bibiane (2e secondaire)

Belle si douce maman, de Jessika

Trahison, de Marie-Luce (1er secondaire)

Polyvalente de Lévis

Dernier envol, de Valérie (5e secondaire)

L'enfance douloureuse, de Nancy Santerre (5e secondaire)

Pour tout l'art du jeune monde

Folie, d'Évelyne Duvernay

À propos de l'auteure

C'est le 22 août 1952, à Saint-Eustache, que sa mère lui donne la vie. Claire Pimparé a été élevée avec ses 9 frères et sœurs par une mère dévouée, aimante et douce. Cette femme croyait en ses enfants, en leurs talents, et les encourageait à aller là où ils seraient heureux. C'est d'ailleurs de sa mère, en partie, que Claire tient sa grande générosité, sa détermination et sa loyauté hors du commun.

Outre sa carrière publique en tant que comédienne à la télévision et au théâtre, en tant qu'animatrice de radio et de télévision ou de communicatrice accomplie, elle a œuvré pendant plus de 30 ans à défendre avec conviction, passion et ardeur la plus importante des causes sociales à ses yeux : celle des enfants. Passe-Carreau a été le tremplin dans sa vie, encore aujourd'hui elle porte fièrement sur ses épaules la voix et le pouvoir de ce personnage. Les enfants ont aimé Passe-Carreau, elle a fait d'eux la mission de sa vie.

En 1992, Claire Pimparé fonde sa propre Fondation, celle qui permettra à des enfants provenant de milieux défavorisés ou éprouvant des difficultés de tout ordre, de passer une semaine dans un camp de vacances. À ce jour, plus de 1700 enfants ont profité des activités du camp, telles que des ateliers de théâtre, de sciences, de survie en forêt et de sport.

Claire a souvent prêté son nom à des organismes œuvrant dans le même sens qu'elle, c'est-à-dire à la défense du bien-être, de l'éducation et de la santé physique et mentale des enfants. Elle a travaillé avec l'École de la rue, elle a aidé la Fondation Distal et, depuis plus de 25 ans, elle sillonne les hôpitaux du Québec afin d'accompagner les enfants qui font face à la maladie et même parfois à la mort.

En plus des causes sociales, Claire a aussi prêté son nom à des causes scientifiques et culturelles. Elle a animé l'émission *Omni Science*, émission de vulgarisation scientifique. Elle a été porte-parole d'Expo-science du Québec de 1987 à 1991 où elle a fait la promotion des sciences auprès des jeunes québécois curieux.

Elle a aussi créé un laboratoire scientifique à la Fondation Claire Pimparé et mis sur pied *L'Atelier Maths-manie*, une émission qui aidait les jeunes à faire leurs devoirs, en direct à la télé. Elle a aussi donné des conseils directement aux parents par le biais d'une émission de radio qu'elle a animée bénévolement tous les soirs de la semaine à la radio de CHRC en 1999-2000.

Malgré ses multiples occupations, Claire déborde toujours d'énergie, elle trouve le temps de donner des conférences à travers la province sur des sujets qui la passionnent. Elle parle de son chemin de Compostelle, celui qu'elle a parcouru à pied et celui qu'elle poursuit tous les jours dans sa vie. Elle parle de tout ce qui touche les relations humaines, entre autres des relations parents-enfants, des ateliers auxquels elle participe, des expériences de sa vie.

Au fil des ans, et dans tous les projets qu'elle a menés, Claire Pimparé a toujours respecté le pouvoir de ce rôle qui lui avait été confié il y a plus de 30 ans. Elle n'a jamais oublié qu'elle était un modèle pour les enfants, qu'elle était la voix qu'ils écoutaient et qu'ils admiraient. Elle a milité dans le même sens toute sa vie. Les enfants, les siens et ceux des autres ont été son inspiration, sa raison de vivre.

J'arrive maintenant à la conclusion de ce texte et alors que je le relis, voilà que le mot « naissance » me traverse l'esprit. Je crois que tant qu'il y aura des naissances, il y aura Claire tout près, pour aider, aimer, comprendre et simplifier les moments difficiles qui perturbent les familles. Cette femme n'a rien de magique, elle est tout simplement une lumière aux talents multiples, dont celui d'éclairer et de réchauffer les cœurs qui en ont besoin. Sa mission se poursuit aujourd'hui à travers son tout premier livre, lisez-le, vous comprendrez profondément qui est Claire Pimparé.

STÉPHANIE ANCTIL-SAVARD